Die Autorin Dr. Susanne Motamedi, geb. 1965, beschäftigte sich in ihrem Studium der Psycholinguistik und Psychologie vor allem mit der zwischenmenschlichen Kommunikation. Die Sprachwirkungsforschung wurde zu ihrem Fachgebiet.
Seit 1994 ist sie als selbständige Trainerin und Beraterin in Bonn tätig. In ihren Seminaren und Coachings arbeitet sie mit Ideen aus NLP, Systemtheorie, Konstruktivismus und Hypnotherapie. Sie hat mehrere Sachbücher und viele Fachartikel veröffentlicht.

Der Autor Dr. Frank Strikker, geb. 1955, interessierte sich schon während seines Studiums der Germanistik, Pädagogik und Sportwissenschaft dafür, wie die persönlichen Fähigkeiten des einzelnen zum wirtschaftlichen Erfolg des Unternehmens beitragen. Heute ist er geschäftsführender Gesellschafter eines Unternehmens für Organisationsberatung und Managementtrainer in Neuwied.

In der Reihe «NLP – Das Psycho-Power-Programm» sind bisher folgende Titel erschienen:
Vom Autoren-Team Barbara Schott und Klaus Birker: «Cool bleiben» (9603), «Gut drauf sein, wenn's schiefgeht» (9604), «Andere Wege wagen» (9605), «Freunde finden» (9668), «Prüfungsstreß ade» (9669), «Kompetent verhandeln» (9773), «Schüchternheit überwinden» (9774), «Selbstbewußt auftreten» (9905), «Souverän mit Kunden umgehen» (9796), «Mut zur Entscheidung» (9957), «Den Job will ich haben!» (9986) und «Energie tanken» (60218);
von Klaus und Gabriele Birker: «Was ist NLP? Grundlagen und Arbeitsbegriffe des Neuro-Linguistischen Programmierens» (60199);
und von Cora Besser-Siegmund: «Das Rauchen aufgeben» (9956), «Frei von Eifersucht» (9985), «Entdecken Sie Ihre Kreativität« (60217) und «Optimist werden, Optimist bleiben» (60351).

Susanne Motamedi / Frank Strikker

Sicher auftreten, überzeugend vortragen

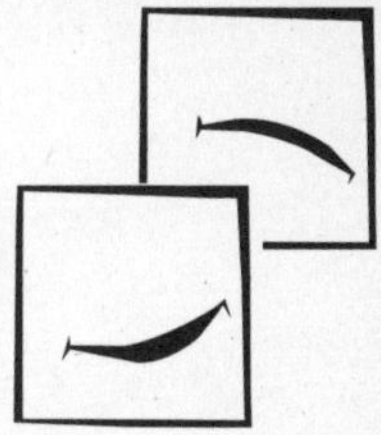

Das NLP-Rhetorik-Training

NLP – Das Psycho-Power-Programm

rororo

Rowohlt

Originalausgabe
Veröffentlicht im Rowohlt Taschenbuch Verlag GmbH, Reinbek bei Hamburg, Oktober 1997

Redaktion Rosemarie Schwarz
Grafik Walter Werner
Umschlaggestaltung Susanne Heeder
(Foto: Tony Stone IMAGES/Tim Brown)
Satz Sabon PostScript Linotype Library,
QuarkXPress 3.32
Gesamtherstellung Clausen & Bosse, Leck
Printed in Germany
1290-ISBN 3 499 60350 0

Inhalt

Was ist NLP?

Den Schatz unserer unbewußten Fähigkeiten zu heben, das hatten sich der Informatiker und Psychologe Richard Bandler und der Sprachforscher John Grinder vorgenommen. Die beiden US-Forscher begannen Mitte der siebziger Jahre, unbewußte Verhaltensweisen und Stimmungen zu untersuchen, um herauszufinden, wie sie besser gesteuert werden können. Wie lassen sich Verhaltensweisen von Spitzenkönnern auf andere übertragen? – Diese Frage faszinierte sie, und sie beobachteten jahrelang minuziös eine Reihe von weltbekannten Therapeuten wie Milton Erickson, Fritz Perls und Virginia Satir. Dabei gingen sie von der Annahme aus, daß es wohl am schwierigsten ist, anderen Menschen therapeutische Heilung zu vermitteln. Wem es gelingt, Patienten vom Vorteil eines gesunden Lebens zu überzeugen, so ihre Schlußfolgerung, der muß ein wirkliches Kommunikationsgenie sein! Es gelang ihnen, durch Beobachtung zu ganz neuen Erkenntnissen über körpersprachliche und verbale Signale unseres Unbewußten zu kommen, die es möglich machten, diese bisher unbewußte Steuerung unseres

Verhaltens bewußt wahrzunehmen und zu beeinflussen. Mit Erfahrungen aus der Welt der Informatik, der Sprachforschung und der Computerwissenschaft versuchten die NLP-Erfinder Funktionsweisen des menschlichen Gehirns besser zu verstehen. Die Kernthese des NLP lautet: Alle unsere Erfahrungen werden im Gehirn durch neuronale (neuro) Verknüpfungen gespeichert, die sprachlich (linguistisch) mitgeteilt werden können. Diese Speicherungen (Programmierungen) können verändert werden. Durch das Neuro-Linguistische Programmieren, kurz NLP, können wir unser Verhalten ergründen und positiv beeinflussen. NLP ist die Anleitung zur Ausschöpfung unserer unbewußten Fähigkeiten.

So funktioniert das Psycho-Power-Programm

Rhetorik, die Kunst der Rede, hatte schon in der griechischen Kultur einen hohen Stellenwert. Zuhörern bereitete es zu allen Zeiten einen großen Genuß, wenn ein Redner sein Anliegen interessant und spannend vorträgt, wenn es ihm gelingt, seine Ideen fesselnd zu erläutern, seine Argumente überzeugend darzulegen, seine Gestik passend einzusetzen und seine Stimme abwechslungsreich zu modulieren. Viele Menschen meinen, zu diesem Können müsse man geboren sein. Die Erfahrung lehrt etwas anderes. Auch der Volksmund sagt treffend: Zum Dichter wird man geboren, und zum Redner wird man gemacht.

Damit sind wir beim Thema unseres Buches. Wir wollen Ihnen zeigen, wie Sie sich mit Neugierde, Aufmerksamkeit und Spaß am Üben zu einem erfolgreichen Redner entwickeln können.

Mit sich selbst im Einklang

Herr Reval hat bereits einige Minuten gesprochen und nähert sich den wichtigsten Gedanken seiner Rede. Laut sagt er: «Nun, meine sehr verehrten Damen und Herren, komme ich zu meinem zentralen Anliegen...» Während er weiterspricht, spürt er förmlich, wie ihn seine eigenen Gedanken, sein Ziel und seine tiefen Gefühle beflügeln. Dabei gewinnt er den Eindruck, zu jedem seiner Zuhörer ganz persönlich zu sprechen.

Herrn Reval gelingt, was sich viele bei einer Rede wünschen: eins zu sein mit sich selbst, mit der eigenen Rede, mit dem Inhalt, mit dem persönlichen Auftreten, und gleichzeitig engen Kontakt zu den Zuhörern zu halten.

Viele Menschen erleben eine Redesituation jedoch ganz anders: die eigene Stimme erscheint schwach, die Atmung wird flacher, der rote Faden verwickelt sich im Gestrüpp der Gedanken, und die Blicke der Zuhörer wirken kritisch prüfend bis uninteressiert. In einem derartigen Moment ist verständlich, wenn das eigene Gefühl und die innere Stimme sagen: ‹Bloß weg hier!› Manch ein Redner erlebt schon Tage vor dem Auftritt dieses Wechselbad der Gefühle zwischen

freudiger Hochspannung und angsteinflößenden Befürchtungen.
In einer Rede sind Sie als ganze Person gefordert. Wir stehen im Rampenlicht und wirken mit allen Facetten unserer Persönlichkeit. Jeder Mensch drückt sich auf seine individuelle und unverwechselbare Art und Weise aus. Das ist das Besondere in diesem Moment. Hier vereinen sich eine interessante Herausforderung und die Chance, sich als Persönlichkeit zu zeigen.
Redner, die überzeugen, sind glaubwürdig. Ihnen wird – im klassischen Sinn des Wortes – geglaubt. Deshalb lautet Ihre erste Aufgabe zum sicheren Auftreten: glauben Sie an sich, an Ihre Ziele, an Ihre Fähigkeiten und an Ihr Können! Diese Aufgabe läßt sich leicht erfüllen, wenn Sie ein stabiles Selbstvertrauen besitzen. Das Vertrauen in die eigene Kraft und in das eigene Können hilft Ihnen bei einer Rede und leitet Sie zum Ziel. Wer an sich glaubt, sich seiner Stärken bewußt ist, der moduliert seine Stimme facettenreich, gestikuliert mit klaren, kraftvollen Bewegungen und freut sich auf die gespannten Blicke der Zuhörer.
Mit sich selbst im Einklang zu sein heißt, sich seiner selbst bewußt zu sein. Die zentrale Frage lautet: Mit welchen Emotionen, mit welchem Gefühl stehe ich vor den Zuhörern? Erfolgreichen Rednern gelingt es, mit einem guten Gefühl, d. h. mit einem zur Redesituation und zu ihrem Ziel passenden inneren Zustand, zu sprechen. Dann kann eine Rede zum Quell der eigenen Zufriedenheit werden.

Situationen, in denen sie mit ihrer Leistung hochzufrieden sind und sich ausgesprochen wohl fühlen, kennen fast alle Menschen. Viele erleben derartige Gefühle bei sportlichen Aktivitäten, andere beim künstlerischen Tun, manchmal in der Familie, z. T. gemeinsam mit Freunden oder im Beruf. Gute Redner berichten von vergleichbaren Erfolgserlebnissen bei einer Rede. Ihnen gelingt es, all ihre inneren Kräfte und Energien im Einklang mit sich selbst und den Zuhörern wirken zu lassen.

Die gute Rede

Wie gelingt erfolgreichen Rednern eine gute Rede? Die erste Frage auf dem Weg zu dieser erfolgreichen Erfahrung lautet: Als wer spreche ich? Auf den ersten Blick scheint es eine schwierige Frage zu sein, doch läßt sie sich bei kurzem Nachdenken meist schnell beantworten. Sie können in vielen Rollen sprechen, z. B. als Experte, als Vermittler, als kreativer Innovator, als Kritiker, als motivierende Führungskraft oder im privaten Bereich als langjähriger Freund der Familie, als witziger Conférencier, als Kandidat für den Vereinsvorstand, als Wahlhelfer, als interessierter Bürger, als neugieriger Mieter, als jemand, der gute Laune verbreiten möchte usw.

Unabhängig davon, wie Sie sich entscheiden, sollten Sie sich bewußt sein, was Sie von anderen Menschen unterscheidet. Es sollte allen Zuhörern deutlich werden, was Sie sich und anderen als Redner ‹wert› sind. Leider versuchen heutzutage viel zu viele Menschen, genauso aufzutreten wie Herr X oder Frau Y. Es kann für einzelne Situationen zwar hilfreich sein, sich an anderen Vorbildern zu orientieren. Doch sollten Sie auf jeden Fall Ihre Eigenständigkeit behalten, Ihre ganz persönliche Art und Weise. Damit können

Sie rhetorisch wirken und persönlich Charisma entfalten.
Danach stellt sich die zweite zentrale Frage: Wofür tue ich es? Warum will ich sprechen? Diese Fragen betreffen den Sinn und das Ziel Ihrer Rede, keinesfalls das Thema.
Was ist Ihnen persönlich wichtig bei Ihrer Rede? Mit dieser Frage werden Ihre persönlichen Werte angesprochen. Diese Werte sind die inneren Beweggründe, die manchmal bewußten, manchmal unbewußten treibenden Kräfte. Sie lassen uns bestimmte Dinge tun, die gut für uns sind. Werte sind ganz persönliche Orientierungen, die wir im Laufe unseres Lebens entwickeln. Jeder Mensch hat ein feines Gespür dafür, wann und wie er seine Werte verwirklichen kann. Werte leiten unsere Handlungen, und wir versuchen immer, Werte und Gefühle positiv miteinander zu verbinden.
Für unerfahrene Redner mag es überraschend klingen, daß gute Redner derartige Gefühle bei einer Rede erleben. Erfolgreiche Redner berichten: «Ich fühle mich völlig frei, locker, im absoluten Einklang mit den Zuhörern, mein ganzer Körper ist entspannt und engagiert zugleich. Bei den Zuhörern sehe ich richtig ihre Neugierde, das sind regelrecht Wellen, die zwischen ihnen und mir hin- und herschwappen.»
Die Beschreibung dieses Redners weist auf einen sehr wichtigen Wert für gelungene, rhetorische Auftritte hin: Kontakt. Wir kennen die große Bedeutung von gutem Kontakt aus dem alltäglichen Gespräch. Er ist

Das Ziel

Welches Ziel verfolgen Sie mit Ihrer Rede ?

Der Kontakt zu den Zuhörern ist entscheidend für den Redeerfolg

mit gegenseitiger Wertschätzung, Respekt und Neugierde verknüpft. Bei jeder Kommunikation von Mensch zu Mensch steht der gemeinsame Kontakt im Mittelpunkt. Jede Rede richtet sich an anwesende Menschen (im Unterschied zu einem Brief oder Zeitungsartikel). Jeder Redner sollte Gefallen daran finden, zu Menschen zu sprechen. Einige Redner meinen, im privaten Bereich gelinge es bereits sehr gut, aber im beruflichen Bereich oder gar bei einer öffentlichen Rede sei alles erheblich schwieriger. Sicherlich sind diese Situationen eher ungewohnt, und viele Menschen müssen erst lernen, daß man auch zu einer größeren Gruppe von Zuhörern über direkte Ansprache, Blickkontakt und ausgewählte rhetorische Fragen intensiv Kontakt halten kann.

Der gute Kontakt zwischen Redner und Zuhörern ist in allen Bereichen eine unabdingbare Voraussetzung für den Redeerfolg. Zuhörer sind sehr sensibel für die Kontaktfreudigkeit eines Redners. Sie entwickeln ein Gespür dafür, ob dem Redner der gute Kontakt zu ihnen wichtig ist.

Gleiches gilt für andere Werte. Zuhörer überprüfen, welche Bedeutung ein Redner seinen eigenen Worten schenkt. Redet er nur über Freude oder freut er sich auch? Spricht er über Vertrauen oder vertraut er auch anderen? Referiert er über Liebe oder zeigt er auch seine Liebe? Doziert er über Spaß oder hat er Spaß beim Sprechen? Sollen andere motiviert werden oder ist er auch selbst motiviert?

Die Glaubwürdigkeit eines Wertes zeigt sich daran, ob und wie er in eine Handlung umgesetzt wird. Worte und Verhalten müssen zueinander passen. Das gelingt dann am besten, wenn ein Redner sich entsprechend seinen wichtigen Botschaften verhält. Die eigene innere Befindlichkeit oder der eigene innere Zustand sind die entscheidenden Wegweiser auf dem Weg zum Erfolg.

Emotionen vermitteln

Anke Schorr hatte sich schon vor einigen Wochen vorgenommen, bei der Feier zum 50. Geburtstag ihrer besten Freundin Erika ein paar Worte zu sagen. Seit 30 Jahren sind beide eng verbunden und haben gemeinsam Licht und Schatten erlebt. Bei diesem Gedanken stutzte Anke einen Moment und überlegte: «Was ist aber das Besondere in der Beziehung zwischen Erika und mir?» Sofort fällt es ihr ein. «Na klar», denkt sie sich, «egal, was gerade passierte, wir beide haben immer unseren Humor behalten. Selbst in schwierigen Momenten, als Erika nach ihrem Fahrradunfall lange ihr Bein eingegipst hatte, selbst in diesen Tagen behielt sie ihren Humor.» Damit hatte Anke den Kern ihres Geburtstagsbeitrages fertig. Bei der Feier stellte sich Frau Schorr frühzeitig auf ihren Auftritt ein. Immer wieder erinnerte sie sich an den – kurioserweise – lustigen Abend, als Erika trotz eines Gipsbeines vor Lachen die Tränen über die Wangen liefen. Mit diesem Bild vor Augen und einem inneren Lachen stand Anke in bester Stimmung auf und hielt eine Laudatio, bei der kein Auge trocken blieb.

Anke Schorr aus unserem Beispiel kennt die hohe Kunst der Rede. Sie führt ihre Zuhörer durch die verschiedenen Emotionen: Lachen, Neugierde, Ernst, Freude. Frau Schorr kann die Zuhörer führen, weil sie die gewünschten Gefühle in sich spürt. Sie erlebt sie in dem Moment wieder, in dem sie darüber spricht. Bei jeder kleinen Anekdote und Geschichte erinnert sie sich wieder intensiv an ihre damaligen Erlebnisse und die dazugehörigen Empfindungen. Ihre Rede gleicht einer Schiffahrt über ein bekanntes Gewässer. Ihre vorbereiteten Textpassagen wirken wie Anker, die sie auswirft im Meer der gemeinsamen Erfahrungen mit ihrer Freundin Erika. Auf diese Art und Weise steuert Anke Schorr ihre eigene Gefühlswelt und lebt den Zuhörern vor, was sie bei ihnen erreichen will.

Vielleicht, wenden Sie ein, sind derartige Emotionen im Privatleben erlaubt. Aber im Verein, bei einer Bürgerversammlung oder im Berufsleben wären sie hingegen völlig fehl am Platze. Sicherlich werden Gefühle in diesen Bereichen eher nüchterner und distanzierter erlebt, doch sind sie auch hier von großer Bedeutung. Wer sich für seine Gedanken einsetzen will, muß sein Anliegen mit den passenden Empfindungen unterstreichen.

Viele Manager denken jedoch, mit einem «coolen» Auftreten würden sie souverän wirken. Dabei vergessen sie nur allzu schnell, daß Mitarbeiter sich von rein

Das innere Bild

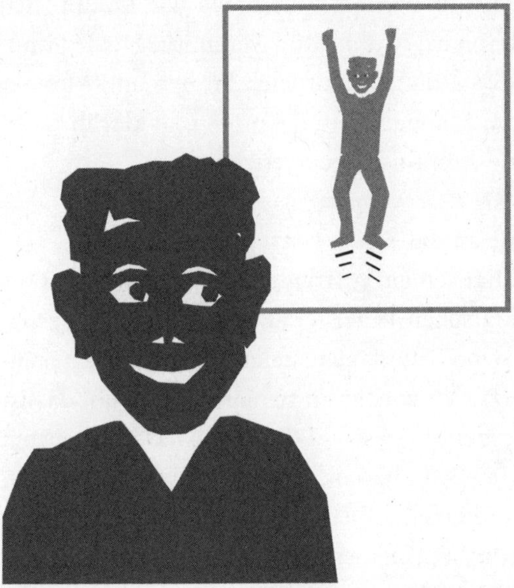

Erleben Sie alles, was Sie erzählen, innerlich mit, und lassen Sie Ihre Zuhörer an Ihren Gefühlen teilhaben.

rationalen Argumenten und einem distanzierten Vorgesetzten nur selten motivieren lassen. Welch motivierende Energien dagegen visionäre und emotionale Wirtschaftsführer und Politiker entfachen können, zeigen nicht nur berühmte Beispiele wie Philipp Rosenthal, Reinhard Mohn, Rita Süßmuth, Heide Simonis u. a., sondern auch die vielen Frauen und Männer im mittleren Management, die offen und klar ihre Gedanken und Empfindungen vertreten.

Der Glaube an die eigene Kraft

Herr Karl hat seinen Vortrag gerade beendet, und die Zuhörer klatschen begeistert Beifall. Währenddessen ordnet er seine Unterlagen, steigt vom Podium herunter und setzt sich wieder an seinen Platz. ‹Puh, das ist geschafft›, denkt er sich erleichtert. ‹Den nächsten Vortrag lehne ich aber ab, das ist nicht meine Sache›, sagt er sich. Leider bemerkt er nicht, daß die Zuhörer ihn zufrieden anschauen und zustimmend mit den Köpfen nicken. Herr Karl ist ganz mit sich beschäftigt und schenkt den freundlichen Reaktionen des Publikums kaum Aufmerksamkeit. In der darauffolgenden Pause sprechen ihn einige Gäste an und gratulieren ihm zu seiner gelungenen Rede, doch er wehrt beständig ab und behauptet nur: «Das war keine Rede. Ich habe nur ein paar Ideen skizziert. Reden kann ich gar nicht.»

Das Verhalten von Herrn Karl erleben wir oft in unseren Rhetorikseminaren. Teilnehmer berichten, vor einer Gruppe stehend, ausführlich über ihre Schwierigkeiten beim Reden. Sobald wir sie darauf ansprechen, daß sie gerade eine Rede gehalten haben, behaupten sie voller Überzeugung: «Das war keine Rede. Ich habe nur meine Probleme geschildert.»

Der Glaube «Ich kann keine Rede halten» sitzt so tief, daß ihn scheinbar keine Realität verändern kann. Werden sie doch «ertappt», daß sie längere Zeit vor Zuhörern gesprochen haben, so ist diese Begebenheit der klare Beweis dafür, daß ihr Auftritt eben keine Rede, sondern etwas völlig anderes war.

«Der Glaube kann Berge versetzen» – dieses Sprichwort gilt insbesondere in der Redekunst. Wer an seine Fähigkeiten glaubt, hat schon viel erreicht auf dem Weg zum guten Redner. Wenn wir an uns glauben, motivieren und fordern wir uns. Das Gegenteil trifft leider auch zu: Durch mangelndes Selbstvertrauen können wir uns selbst stark bremsen. Jeder kennt diese kritischen inneren Sätze, die oft beginnen mit Wörtern wie ‹Ich kann nicht...›.

Diese Glaubenssätze sind innere Überzeugungen, nach denen wir leben. Sie sind an intensive Gefühle und gewichtige Interpretationen unserer persönlichen Erlebnisse gekoppelt. Sie leiten unser tagtägliches Verhalten, bestimmen, wie wir unsere Umwelt und andere Menschen wahrnehmen, und legen uns subjektive Interpretationen nahe. Zudem sollen sie unserem Verhalten einen Sinn geben.

Glaubenssätze bieten uns nicht nur Orientierungen,

Die richtigen Glaubenssätze setzen ungeahnte Energien frei

sondern öffnen uns auch die Türen zu unseren Fähigkeiten. Wer an seine Kraft und seine Leistungsfähigkeit glaubt, kann ungeahnte Energien entwickeln. Sportler zeigen dabei ein besonderes Geschick. Ihre mentalen Energien setzen ihre letzten Reserven frei. Oft erlangen sie in einem Kopf-an-Kopf-Rennen einen knappen Sieg, überraschen die Konkurrenz im letzten Durchgang beim Speer- oder Diskuswurf oder stellen das bisherige Spielgeschehen ‹auf den Kopf›. Auch berühmte historische Personen wie Mahatma Gandhi, Martin Luther King und Nelson Mandela oder auch Thomas Edison und Albert Einstein entwickelten aus ihrem Glauben an ihr Ziel immer wieder zusätzliche Energien und damit neue Wege.

Auch bei rhetorischen Auftritten finden wir Glaubenssätze, mit denen Personen ihre eigenen Fähigkeiten und Verhaltensweisen kommentieren und bestimmen. Bei einer Befragung von Managern zu ihrem rhetorischen Wirken zeigten sich deutliche Unterschiede in den persönlichen Glaubenssätzen. Einige glaubten von sich: «Ich kann gut reden.» «Ich spreche gerne vor Gruppen.» «Ich bin ein kontaktfreudiger Mensch.» «Kleine Fehler merkt sowieso niemand.» «Andere Menschen hören mich gerne.» «Meine Stimme klingt angenehm» usw. Andere dagegen denken vor und bei ihren Auftritten: «Vor Gruppen zu sprechen liegt mir nicht.» «Ich stehe ungern im Rampenlicht.» «Reden habe ich nie gelernt.» «Zum Reden muß man geboren sein.»

Manch ein Redner koppelt seine Vorannahmen an äußere Umstände: «Eigentlich kann ich gut reden und kenne das Thema sehr gut, aber...» Sie sprechen dann in Formulierungen, die einen Wenn-dann-Charakter haben: «Wenn ich vor mehr als fünf Personen spreche, bin ich immer nervös.» «Wenn ich den Raum vorher nicht gesehen habe, fühle ich mich unwohl.» «Wenn die anderen mich anschauen, weiß ich nicht mehr, was ich machen soll.» «Wenn ich im Stehen spreche...» Diese Beispiele lassen erahnen, welche Wirkung die betreffenden Personen vor ihrem Publikum entfalten. Auffällig bei der Befragung war, daß alle Redner inhaltlich sehr gut vorbereitet waren, daß sie ihre Fachgebiete hervorragend beherrschten und daß sie bereits viele Jahre in dem jeweiligen Arbeitsbereich Erfahrungen gesammelt hatten. Das Können war bei allen gut ausgeprägt, allein, einigen fehlte der Glaube daran. Dieser Umstand ist insofern verständlich, als wir von Kindesbeinen an auf «richtige» und umfassende Inhalte hin erzogen und ausgebildet werden. In allen berufsbezogenen Situationen stehen fachliche Themen im Vordergrund. Sicherlich ist diese Orientierung angemessen, doch leider gerät die sprachliche und rhetorische Darstellung darüber in den Hintergrund.

Die rhetorische Darstellung ist ein wichtiger Teil der Kommunikation

Mit Mut an den Start

Frau Treich genießt den Platz am Redepult und freut sich schon auf ihre schönste Folie, die sie gleich präsentieren wird. Innerlich sagt sie sich: «Jetzt kommt der i-Punkt, gleich hast du alle auf deiner Seite.» Als Frau Treich die Graphik auflegt, stellt sie überrascht fest, daß sie die Folie verkehrt herum auf den Projektor gelegt hat. Sofort wendet sie das Blatt, doch ihre innere Stimme kommentiert dieses Ereignis scharf: «Das haben sicher alle gemerkt. Jetzt glaubt dir keiner mehr. Siehst du, deine Hände zittern schon – und jetzt wird deine Stimme auch noch flach. Schon wieder hast du alles vermasselt.»
Wer kennt das nicht? Unsere schärfsten Kritiker sind wir selbst. Mögen andere unseren Vortrag loben oder kritisieren, uns selbst fällt immer noch mehr auf. «Da war doch noch das... und das... und das...» Andere sind längst zufrieden mit uns, doch wir selbst hadern weiterhin mit unserem Verhalten.

Der innere Kommentator

Diese inneren Kommentare und Dialoge können unsere besten Förderer, aber auch unsere gnadenlosesten Kritiker sein. Wir sind unser eigener, persönlicher Radiokommentator – unsichtbar, aber dafür mit klarer Stimme und deutlichen Bewertungen. In vielen Situationen sitzt uns dieser Kommentator im Nacken. Mal lobt er uns, z. B. beim Tennis: «Das war ein Superschlag, den Ball kriegt er nie.» Mal fordert er uns, z. B. in der Familie: «Jetzt hör den Kindern erst einmal zu, bevor du deine Meinung sagst.» Mal bemängelt er uns, z. B. morgens beim Aufstehen: «Wärst du gleich beim Klingeln des Weckers aufgestanden, dann müßtest du dich jetzt nicht so beeilen.»

Rhetorische Auftritte werden oft von diesen Kommentatoren begleitet. In manchen Fällen beginnen die ersten Kommentare bereits mit frühzeitigen Vorankündigungen: «Nächste Woche um diese Zeit...» oder mit einer Nachlese: «Beim letzten Auftritt...»

Viele dieser Kommentare dienen dazu, unser Verhalten zu bewerten und zu steuern. Als Redner sollten Sie sich klar entscheiden, von welchen Kommentaren Sie sich steuern lassen wollen. Wählen Sie in der Vorbereitungsphase neben den inhaltlichen Argumenten auch Ihre persönlichen Wunschkommentare aus. Wechseln Sie notfalls den «inneren Sender», oder tauschen Sie den «Kommentator» aus. Sie können sich sogar auf etwaige Mißgeschicke einstellen, z. B. wenn – wie bei Frau Treich – die Folie verkehrt herum aufliegt. Der wohlwollende Kommentar sagt dann z. B.: «Mit kleinen Fehlern wirkst du menschlich.» Oder: «Liebe Zuhörer, das war der Test Ihrer Aufmerksamkeit» usw.

Der freundliche Kommentator unterstützt Sie mit Humor und findet positive Deutungen Ihres Wirkens.

Bestimmen Sie Ihre innere Haltung

Auf seinem Stuhl zurückgelehnt, hört Herr Pagel den anderen Teilnehmern der Diskussionsrunde zu und kommentiert die Beiträge innerlich: «Die letzten beiden Argumente trafen die Fragestellung exakt. Es gibt doch immer wieder ein paar nützliche Ideen hier in der Runde. Das ist gut so.» Kurz darauf wird Herr Pagel aufgerufen. Sofort rutscht er auf seinem Stuhl nach vorne und spricht voll engagiert, mit wechselvoller Modulation und hoher Konzentration. Als er seinen Beitrag beendet hat, fragt er sich: «Ich bin gespannt, was die anderen dazu sagen werden.»

Herr Pagel durchlebt in der beschriebenen Situation zwei sehr unterschiedliche innere Haltungen. Sie werden als «innerlich voll beteiligt» (assoziiert) und als «innerlich auf Distanz gehend» (dissoziiert) bezeichnet. Vor und nach seinem Redebeitrag war Herr Pagel dissoziiert, er kommentierte die Situation, stellte sich «neben sich» und beobachtete alles «von außen». Während seines Beitrages war er «voll dabei», ohne jede Distanz, agierte impulsiv und «frei heraus».

Beide innere Haltungen haben ihre Vor- und Nachteile. Entscheidend ist, daß wir sie bewußt und selbstbestimmt einsetzen und verändern können.

Wollen Sie Ihre Zuhörer überzeugen und mit Ihren persönlichen Emotionen gewinnen, sollten Sie engagiert (assoziiert) sprechen. In diesen Phasen Ihrer Rede können Sie sich voll «einbringen». Jede innere Distanz würde der Zuhörer als unstimmig (inkongruent) wahrnehmen. Sie würden eher als cool, überheblich oder arrogant, manchmal auch als unsicher eingeschätzt werden.

Wollen Sie jedoch während der Rede ein Thema aus verschiedenen Perspektiven betrachten, eine gestellte Frage prüfen und in Ruhe überlegen oder eine ganz neue Richtung im Thema einschlagen, sollten Sie sich für diesen Moment innerlich distanzieren, die Dinge «von außen» begutachten und offener für neue Gedanken werden. Dazu können Sie bewußt die Blickrichtung wechseln.

Körperlich drücken sich die inneren Haltungen in einer eher lebhaften oder verhaltenen Mimik und Gestik aus. Im Sitzen können Sie zwischen einer vorgebeugten bzw. zurückgelehnten Körperhaltung mehr oder weniger deutlich unterscheiden. Auch in der Modulation erleben Sie mehr unterschiedliche Höhen und Tiefen, Tempowechsel und Lautstärke.

Eine große Stärke erfahrener Redner liegt in der bewußten Veränderung ihrer inneren Haltungen. Solange sie für ihr Anliegen eintreten, sind sie assoziiert, d. h., sie engagieren sich voll. Sobald sie jedoch nachdenkliche Passagen schildern oder Fragen von den Zuhörern gestellt werden, gehen sie innerlich auf Abstand, «treten kurz neben sich» und prüfen erst die Situation, bevor sie weitersprechen.

Assoziiert

Wenn Sie etwas mitteilen wollen, müssen Sie innerlich voll beteiligt sein.

Dissoziiert

Wenn Sie eine Situation beobachten, sollten Sie innerlich auf Distanz gehen.

Lampenfieber ist sinnvoll

Auf einer Theaterbühne kann es ganz schön heiß werden, auch wenn man nicht nervös ist. Die Beleuchtungslampen erzeugen oft eine erdrückende Wärme. Da die Schauspieler mitunter schwitzen, als hätten sie Fieber, wird das unangenehme Gefühl vor und während einer Aufführung Lampenfieber genannt. Nicht anders ergeht es uns bei einer Rede, bei einer Präsentation oder bei einem Vortrag. Durch das Lampenfieber kommen wir manchmal schon vor der Rede kräftig ins Schwitzen.

Allerdings ist Schwitzen nicht das einzige Symptom, das sich bei Lampenfieber einstellen kann. Wenn Sie einmal überlegen, wie Sie sich zu Beginn einer neuen Sprechsituation gefühlt haben, dann erinnern Sie sich sicherlich an weitere Symptome:

Phänomen	**Symptome**
Herzklopfen:	z. B. schwache Atmung oder Atemnot
Bluthochdruck:	z. B. roter Kopf
Zittern:	z. B. weiche Knie
Schwitzen:	z. B. feuchte Hände
gestörte Magen- und Darmfunktion:	z. B. Übelkeit, Durchfall
eingeschränkte Wahrnehmung:	z. B. verkleinertes Blickfeld
Black-Out:	z. B. roter Faden reißt

Selbstverständlich sind diese Symptome sehr unangenehm. «Aber», so muß man sich fragen, «warum reagieren wir in dieser Form? Für irgend etwas muß das doch sinnvoll sein!» Und so ist es auch. Diese sogenannte undifferenzierte physiologische Streßreaktion hat für uns Menschen in der Natur eine überlebenswichtige Funktion. Ohne sie hätte die Menschheit nicht bis zum heutigen Zeitpunkt überleben können.

Nehmen wir einmal an, wir gehen in einem nordamerikanischen Nationalpark spazieren. Wir schlendern gemütlich vor uns hin und betrachten die vielfältige Pflanzenwelt, die sich unserem Auge bietet. Plötzlich hören wir hinter uns ein lautes Brummen. Wir drehen uns um und sehen ihn: einen großen braunen Bär. Nachdem wir den ersten Schock überwunden haben, stellen sich die Symptome des Lampenfiebers ein. Würden wir nun damit beginnen, dem Tier eine ausgefeilte Rede über den Sinn und Unsinn des Fressens zu halten, oder versuchen, mit ihm zu diskutieren, würden wir wahrscheinlich nicht überleben. Die Symptome des Lampenfiebers versetzen unseren Körper in Kampfbereitschaft. Wir sammeln unsere Kräfte, um zu kämpfen oder zu flüchten. Durch die Ausschüttung des Adrenalins und anderer Streßhormone erhöhen sich Herzfrequenz und Blutdruck. Der Körper wird gut mit Sauerstoff versorgt. Wir können körperliche Hochleistungen erbringen. Das Zittern in Streßsituationen deutet darauf hin, daß unser Zuckerspiegel in der Muskulatur angehoben ist. Wir sind bereit, uns zu bewegen. Das Schwitzen dient dazu, den Körper während der Aktivität zu kühlen. Unser Wunsch, die Toilette zu besuchen, zeigt, daß die Verdauungsfunktionen gestört sind. Wir brauchen sie momentan nicht, denn es geht ums Überleben! Die eingeschränkte Wahrnehmung ist dabei behilflich, uns auf die wesentlichen Dinge zu konzentrieren, und das Gefühl des Black-Outs signalisiert, daß im Moment nicht der richtige Zeitpunkt ist, um ausführlich nachzudenken. Wir müssen reagieren, und zwar blitzschnell!

Streß mobilisiert unsere Energien

Das Lampenfieber als undifferenzierte physiologische Streßreaktion ergibt in dieser Situation durchaus einen Sinn. Schließlich soll der Urlaub im nordamerikanischen Nationalpark nicht mit einer unliebsamen Überraschung enden. Die Frage, die wir uns stellen, lautet: «Wie gehen wir mit Lampenfieber so um, daß wir weiterhin flexibel und mit klarem Kopf reagieren können?»

Darauf gibt es eine Gegenfrage, um einen positiven Kontakt zu dem Gefühl des Lampenfiebers herzustellen. Fragen Sie sich: «Was hat das Lampenfieber bereits Gutes für mich getan?»

Sicherlich gibt es außer der unliebsamen Überraschung im Nationalpark weitere Situationen, bei denen Ihnen Ihr Lampenfieber schon hilfreich zur Seite stand. Vielleicht erinnern Sie sich an das letzte Mal, als Ihr Vorgesetzter das Team bat, anläßlich einer Tagung eine kleine Präsentation über den aktuellen und

Das Lampenfieber

Bei Lampenfieber sammeln wir unsere Kräfte.

vieldiskutierten Stand der Arbeitsergebnisse auszuarbeiten. Hat Ihre Angst vor Lampenfieber Sie nicht damals davor bewahrt, sich zu melden und die Präsentation anzunehmen? Sie blieben ruhig auf Ihrem Platz sitzen, blätterten in Ihrem Kalender und schüttelten leicht den Kopf, um zu signalisieren, daß Sie für eine Präsentation keine Zeit mehr finden würden. Sie haben viel Mühe und Arbeit gespart.

Wenn Sie sich beruflich hätten weiterentwickeln wollen, würden Sie die Präsentation sicherlich annehmen. Ihr Lampenfieber würde dafür sorgen, daß Sie sich sehr gut vorbereiten und diesen Auftrag nicht auf die leichte Schulter nehmen. Am Tag der Präsentation fühlen Sie sich auch ohne Kaffee angeregt. Ohne Lampenfieber hätten Sie vielleicht Mühe, das notwendige Energiepotential aufzubringen, das Sie brauchen, um Ihre Zuhörer zu überzeugen. Deshalb können Sie Lampenfieber auch für verschiedene Situationen in Ihrem Leben nutzen. Immer wenn Sie sich müde und abgespannt fühlen, denken Sie einfach an Ihre nächste Rede oder Präsentation, und schon fühlen Sie Ihre Kraft und Energie.

Nutzen Sie das Lampenfieber auch für andere Momente in Ihrem Leben

Nehmen Sie sich einen Moment Zeit und reflektieren Sie. Suchen Sie persönliche Beispiele. Was hat Ihr Lampenfieber bisher Gutes für Sie getan?

Achten Sie darauf, daß Sie die Aufwärmphase nicht mit Lampenfieber verwechseln. Vor einem Auftritt liegt eine natürliche Phase des Warmlaufens. Diese Phase der Anspannung und Konzentration hilft Ihnen, um bei der Rede in Hochform zu sein. Im Winter werden wir uns beispielsweise davor hüten, dem kalten Automotor schon kurz nach dem Start Höchstleistungen abzuverlangen. Auch Sportler wärmen ihre Muskulatur auf, bevor sie an den Start gehen. Vor der Rede sammelt sich ein gewisses Energiepotential, das Sie besonders am Anfang des Vortrags dringend benötigen, um überzeugend zu wirken. Es gibt Ihnen Konzentration und Kraft für Ihren Auftritt.

Schnelle Strategien zum Umgang mit Lampenfieber finden Sie im Kapitel «Soforthilfen». Suchen Sie sich einige Techniken heraus, die Ihnen angenehm und erfolgversprechend erscheinen, und stellen Sie Ihr persönliches Power-Programm zusammen.

Auf der Bühne stehen

Von der Bühne aus betrachtet, sieht ein Raum ganz anders aus als aus der Zuschauerperspektive. Wenn Anita bei der Hochzeitsfeier ihrer besten Freundin auf ihrem Platz sitzt, kann sie sich gelassen im Raum umsehen. Hört sie aber den Vater der Braut laut durch den Raum rufen: «Anita, du bist doch fast seit deiner Geburt die beste Freundin der Braut. Du möchtest sicher ein paar nette Worte an unsere Gäste richten», verändert sich ihre Wahrnehmung schlagartig. Kaum ist Anita aufgestanden und nach vorne gegangen, sieht und hört sie andere Dinge. Der Raum scheint ihr viel größer und fast leer zu sein. Die Hochzeitsgäste nimmt sie nur noch schemenhaft wahr, und ihre Stimme klingt hallig. Als sie sich nach ihrer kleinen Rede setzt, bekommt ihre Umgebung die gewohnte Farbe, und die Menschen sind wieder deutlich zu erkennen.

Das Rampenlicht verändert die Wahrnehmung

Es bedarf einiger Übung und Erfahrung, bis wir während des Sprechens vor Gruppen die gleiche Wahrnehmungsleistung haben wie bei einem entspannten Gespräch in einer Gruppe. Oft bewirkt der Übergang vom Sitzen zum Stehen bereits eine veränderte Wahrnehmung.

Die Veränderungen empfinden nicht nur wir selbst, sie machen sich in der Regel auch in der Art unseres sprachlichen Ausdrucks bemerkbar. Wir reduzieren unsere Worte auf ein Wahrnehmungssystem, obwohl uns viel mehr Worte zur Verfügung stehen.

Stellen Sie Kontakt zu Ihren Zuhörern her!

Alle Menschen können ihre fünf Sinne benutzen und Wörter aus diesen fünf Sinnesbereichen verwenden. Wir können sehen, hören, fühlen, riechen und schmecken. Die meisten Menschen haben eine oder zwei dieser Fähigkeiten besonders gut trainiert. Wenn Sie z. B. Ihre visuelle Wahrnehmung besonders trainiert haben, fallen Ihnen Dinge ins Auge, die andere Menschen schnell übersehen. Menschen mit einem besonders guten Gehör nehmen hingegen viel mehr Zwischentöne auf als die sogenannten Augenmenschen.

Befinden wir uns nun in einer Streßsituation, dann stehen uns nicht mehr alle Sinneskanäle in voller Funktionsbreite zur Verfügung. Unsere Wahrnehmung und unsere Ausdrucksweise sind eingeschränkt. Anstatt alle Möglichkeiten auszuschöpfen, begrenzen wir uns auf wenige Worte.

Menschen, die stark visuell, also mit ihren Augen wahrnehmen, benutzen Begriffe wie:

- Es scheint so zu sein, daß...
- Das fällt doch ins Auge...
- Undurchsichtig finde ich an der Sache, daß...

- Möchte man klarsehen, so sollte man...
- Offensichtlich ist dieser Tatbestand...
- Wir sollten nicht übersehen, daß...

Nutzen Sie Ihre Sinneskanäle und variieren Sie Ihren Wortgebrauch

Es gibt noch viele weitere Ausdrucksmöglichkeiten, die darauf hindeuten, daß jemand ein Thema visuell verarbeitet. Theoretiker sprechen davon, daß in unserem Kulturkreis etwa 45 Prozent aller Menschen schwerpunktmäßig visuell geprägt sind. Moderne Medien wie Fernsehen und Computer schulen unseren Sehsinn. Dieses Training bewirkt, daß viele Menschen die anderen Sinne vernachlässigen. Sie nehmen überwiegend mit den Augen wahr und benutzen auch in der Sprache hauptsächlich visuelle Begriffe. Stehen wir in einer Redesituation, so reduziert sich das Vokabular auf unseren bevorzugten Kanal. Das hat den Nachteil, daß Zuhörer mit einer anderen, guttrainierten Wahrnehmungspräferenz sich nicht richtig angesprochen fühlen. Sie verstehen zwar, was der Redner sagen möchte, denn er spricht verständliches Deutsch, aber sie finden weniger Anknüpfungspunkte. Gelingt es Ihnen, sowohl Ihre Wahrnehmung als auch Ihren Wortgebrauch (besonders Verben und Adjektive) breiter und flexibler auf alle Sinnesbereiche auszuweiten, können Sie jeden Zuhörer in seinem bevorzugten System erreichen.

Die Kontaktbrücke

Nehmen Sie Kontakt zu Ihren Zuhörern auf!

Ein Redner, der in erster Linie sein Gehör gut trainiert hat, wird mit folgendem Vokabular sprechen:

- Das klingt gut, weil...
- Diese Idee spricht jeden an, denn...
- Das sollten wir in den höchsten Tönen loben...
- Hier geben wir den Ton an...
- Und hierbei sollten Sie besonders die Ohren spitzen...
- Das sollten wir nicht sang- und klanglos abtun, ...

Konzentriert sich dieser Redner nur auf seine persönliche Vorliebe und berücksichtigt nicht, daß einige Menschen andere Präferenzen haben, so kommt er seiner Zielgruppe nicht entgegen. In unserem Kulturkreis nehmen etwa 15 Prozent der Menschen überwiegend mit den Ohren wahr (auditiv) und verarbeiten Dinge über das Gehör. Weitaus mehr Menschen wollen sehen oder handeln.
Das führt uns zu der dritten Gruppe von Menschen, die vornehmlich gefühlsorientiert wahrnehmen (kinästhetisch). Sie verwenden gern folgende Ausdrucksweise:

- Das paßt zu dem Gedanken...
- Ich finde...
- Dieser Sache entnehme ich, daß...
- Ich möchte an meinen Vorredner anknüpfen
- Mir drängt sich das Gefühl auf, daß...

- In dieses Thema müssen wir uns erst noch hineinfinden ...

In einer vierten Gruppe fassen wir die Menschen zusammen, die ihre Eindrücke am liebsten über riechen (olfaktorisch) und schmecken (gustatorisch) verarbeiten. Sie bevorzugen eher folgende Ausdrücke:

- Nach meinem Geschmack...
- Davon habe ich die Nase voll...
- Das riecht komisch...
- Der Idee fehlt noch die Würze...
- Das riecht nach einem Mißverständnis...

Die Beobachtung, daß sich Menschen in ihrer Wahrnehmungspräferenz ausdrücken und unter Streß auf einen Kanal konzentrieren, zeigt, daß wir bewußter mit unserer Ausdrucksweise umgehen sollten. Um alle Zuhörer nicht nur inhaltlich, sondern auch rhetorisch gezielt zu erreichen, ist es hilfreich, alle Wahrnehmungskanäle zu nutzen. Springen Sie zur Übung einmal mit jedem Gedanken, den Sie formulieren, hin und her. Malen Sie Bilder in den Köpfen der Zuhörer, und geben Sie ihnen etwas, das sie begreifen können.

Erklären Sie einen Sachverhalt nicht abstrakt, sondern erzählen Sie Ihren Zuhörern, was Sie selbst, ein Freund oder ein Bekannter kürzlich erlebt haben. Das ist wesentlich spannender als trockene theoretische Erläuterungen.

Eine kurze Filmszene aus dem Film «Homo Faber» nach dem Buch von Max Frisch verdeutlicht das: Eine Passagiermaschine fliegt gerade über Afrika, als der Pilot den Passagieren mitteilt, daß das rechte Triebwerk brennt. Er meint, sie sollten sich keine Sorgen machen, denn er habe die rechte Maschine ausgeschaltet und sie flögen nun mit dem linken Triebwerk weiter. Einer der Passagiere – ein Techniker – bemerkt aber, daß der Pilot fälschlicherweise das linke, funktionstüchtige Triebwerk abgeschaltet hat. Als er dies der Stewardeß mitteilt, antwortet sie in einem Ton, der keinen Widerspruch duldet: «Sie können sicher sein, daß der Pilot die richtige Entscheidung getroffen hat.» Der Techniker begreift, daß sie nicht gewillt ist, seine Beobachtung dem Piloten mitzuteilen. Wenn sie aber mit dem brennenden Triebwerk weiterfliegen, ist ihre Reise bald zu Ende. Deshalb erzählt er der Stewardeß die Geschichte eines befreundeten Piloten, der sich in der gleichen Situation befunden und aus unerfindlichen Gründen den gleichen Fehler begangen habe. Die Geschichte endet mit dem Tod aller Beteiligten. Die Stewardeß ist so beeindruckt, daß sie sich wortlos umdreht, zum Cockpit läuft und dem Pilot die Nachricht übermittelt. Kurz darauf schaltet dieser das brennende Triebwerk ab und das intakte ein.

Mit dem roten Faden zum Ziel

Die letzten Tage vor einer Rede sind für Frau Mill immer besonders anstrengend. Frau Mill soll eine Ausstellung in der örtlichen Kunsthalle eröffnen. Ständig muß sie an ihre Rede denken. Allerdings weiß sie nicht so richtig, was sie mit ihrer Rede erreichen möchte. In der Ausstellung werden Graphiken und Gemälde junger Künstlerinnen und Künstler aus der Region gezeigt. Das Thema ist ihr seit einiger Zeit bekannt, doch welches Ziel sie erreichen möchte, ist ihr noch nicht ganz klar. Dazu kommt, daß sie nicht weiß, wie sie all die Informationen über die Künstler, Bilder und Techniken im Kopf behalten soll? Ablesen möchte sie auf keinen Fall. Bei der letzten Eröffnung las ein Kollege seine Rede ab, und kaum ein Besucher hörte zu. Diese Überlegungen beschäftigen Frau Mill. Im Moment weiß sie keine rechte Lösung – aber sie hat ja noch ein paar Tage Zeit.

Freies Sprechen gilt als höchste Stufe der Redekunst. Für viele Redner stellt es eine besondere Herausforderung dar. Nach unserer Erfahrung ist der Schritt zum freien Sprechen kleiner, als Sie denken! Wir alle sprechen über 99 Prozent unserer Sprech- und Redezeit frei! Niemand liest ab, wenn er in der Familie, im

Freundeskreis oder im Berufsleben seine Gedanken mitteilt. Jeder Mensch, der in diesen alltäglichen Situationen frei sprechen kann, wird es auch bei einer Rede können. Allerdings erfordert freies Sprechen eine besondere Form der Vorbereitung, gezielte Übung und Erfahrung im Umgang mit den eigenen Gedanken. Gelingt es einem Redner darüber hinaus, Zuhörerreaktionen spontan in seine Rede einfließen zu lassen, gehört ihm die volle Anerkennung. Frei vom Diktat eines Manuskriptes und dem Korsett einer Stichwortsammlung kann ein Redner im intensiven Kontakt zu den Zuhörern seinen Auftritt gestalten.

Um den Inhalt einer Rede in der gewünschten Form vortragen zu können, bietet sich eine gehirngerechte Vorgehensweise an. Nutzen Sie die Fähigkeiten des menschlichen Gehirns, Gedanken, Worte und Erfahrungen in unterschiedlicher Art und Weise zu speichern. Eine große Hilfe für eine bewußte Erinnerung bieten unsere Wahrnehmungskanäle. Über die verschiedenen Formen der Wahrnehmung speichern wir alle Erlebnisse, Erfahrungen und unser ganzes Wissen.

Je gezielter und bewußter wir unsere Wahrnehmungskanäle einsetzen, um so besser erinnern wir die Dinge. Jeder Mensch hat Vorlieben in dem einen oder anderen Wahrnehmungskanal. Wenn Sie sich Ihrer Vorlieben oder Stärken bewußt sind, können Sie diese gezielt für die Redevorbereitung verwenden. Wer bildlich (visuell) gut erinnern kann, sollte sich Bilder und kurze Geschichten zu seinen Stichworten vorstellen. Wer mit seinem Gehör (auditiv) wahrnimmt, sollte sich seine Gedanken öfter laut vorsagen. Bei dieser Übung können Sie ebenfalls Ihre Modulation, Ihr Sprechtempo und Ihre Pausentechnik trainieren.

Wer sich eher im Gefühlsbereich ‹zu Hause fühlt› (kinästhetisch), sollte seine Gliederungspunkte gedanklich mit verschiedenen Körperpartien verknüpfen. Die Einleitung einer Rede wird mit dem rechten Arm verbunden, die Pro-Argumente mit den Fingern der rechten Hand, die Contra-Argumente mit den Fingern der linken Hand und der Redeschluß mit dem Bauch.

Formulieren Sie Ihr Ziel

In den meisten Redesituationen ist das Thema einer Rede vorbestimmt. Der Veranstalter einer Kunstausstellung gibt für die Eröffnungsrede das Thema ‹Förderung von jungen Künstlern› vor, bei einer Bürgerversammlung wird die Verkehrsplanung des Stadtteils diskutiert, bei dem Jahresmeeting der Führungskräfte eines Großunternehmens will der Vorstand einen Referenten zum Thema Wertewandel. Auch bei einer privaten Rede ist das Thema vorbestimmt: der 70. Geburtstag von Tante Waltraud oder die Silberne Hochzeit von Paul und Luisa.

Manch ein Redner sammelt Material zum Thema, notiert die eigenen Gedanken und sortiert alles, was er gefunden und aufgeschrieben hat. Danach gliedert er seine Gedanken und schreibt den Text. Wer auf diese Weise sein Konzept entwickelt, wird schnell feststellen, daß die Fülle des Materials die eigenen Gedanken und die eigene Kreativität erdrücken kann.

Wir würden uns wie ein Busfahrer verhalten, der erst alle Wege von München nach Dortmund sichtet, um sich dann zu entscheiden, welche Route er wählt. Effektiver ist es, vorher zu klären, nach welchen Kriterien und mit welchem Ziel er die unterschiedlichen Wege prüfen will. Er kann z. B. den kürzesten Weg suchen oder den landschaftlich abwechslungsreichsten. Er kann sich aber auch für einen entscheiden, der wenig Staus befürchten läßt, vielleicht möchte er eine neue Raststätte anfahren oder oder oder...

Ganz ähnlich verhält es sich mit dem Ziel einer Rede. Durch die Vorgaben des Themas, der Zuhörergruppe und der organisatorischen Gegebenheiten (Ort, Zeit etc.) ist ein Rahmen gesteckt. Innerhalb dieses Rahmens entscheidet der Redner, welches Ziel er erreichen möchte. Frau Mill formuliert ihr Ziel so: ‹Ich möchte junge Menschen motivieren, sich künstlerisch zu betätigen.› Frau Mill könnte sich auch dafür entscheiden, den Besuchern in erster Linie die künstlerische Vielfalt der Exponate zu erläutern. Dieses Ziel scheint ihr für die erwartete Zielgruppe allerdings nicht zu passen.

Das Ziel einer Rede soll kurz und klar formuliert sein. Komplizierte, verschwommene oder widersprüchliche

Ziele können Zuhörer nicht nachvollziehen. Achten Sie vor allem auf positive Zielformulierungen. Negative Zielbeschreibungen klingen im ersten Moment zwar interessant und finden vielfach schnelle Unterstützung, doch zeigen sie keine neue Richtung. Wenn Sie bei der Urlaubsplanung sagen, ich will nicht nach Spanien fahren, ist noch lange nicht geklärt, wohin die Reise statt dessen gehen soll. Die positive Zielformulierung lautet z. B.: «Ich will nach Italien fahren.» Gerade in politischen Auseinandersetzungen sind Verneinungen oder Nicht-Ziele sehr beliebt: Die Steuern dürfen nicht erhöht werden. Diese Forderung hört sich gut an, sie läßt aber offen, wie die Geldmittel erbracht werden sollen: Welche Ausgaben werden gekürzt? Werden manche Ausgaben komplett eingestellt? Werden die bestehenden Steuersätze beibehalten oder gekürzt? Achten Sie darauf, das Wort «nicht» zu vermeiden, wenn Sie Ihre Ziele für eine Rede formulieren. Fragen Sie sich: Was will ich genau? Wie kann ich es positiv ausdrücken?

Die rhetorische Wirkung

Viele Redner konzentrieren sich bei ihrer Rede ausschließlich auf den Inhalt und die Argumente. Dabei übersehen sie allerdings, daß es neben den inhaltlichen auch rhetorische Ziele gibt. Die rhetorische Wirkung und das persönliche Auftreten eines Redners sollen den Inhalt nicht nur unterstreichen und unterstützen, sie bringen ihn erst voll zur Geltung. Selbst

Bereiten Sie auch Ihre rhetorische Darstellung vor

das beste Argument würde – mit leiser, piepsiger und zögerlicher Stimme hervorgebracht – nur schwerlich positiv wirken. Aus diesem Grund machen Sie sich bei Ihrer Vorbereitung Gedanken darüber: Wie möchte ich auftreten? Welche Wirkung will ich erzielen? Will ich z. B. kompetent, witzig, souverän, neugierig, charmant, distanziert, freudig oder motivierend wirken? Und wie schaffe ich es, mit Gestik, Mimik und meiner Stimme witzig, charmant oder neugierig zu sein?

Viele Redner können sich frei und eigenverantwortlich für ihr Ziel entscheiden. Was passiert jedoch, wenn Ihr Chef verlangt, Sie sollen dieses oder jenes erreichen bzw. sich dafür einsetzen, obwohl Sie anderer Meinung sind? In dieser, im beruflichen Alltag häufig vorkommenden Situation sollten Sie zuerst mit Ihrem Chef die Lage besprechen. Vielleicht ergibt sich doch noch eine neue Sichtweise der Dinge. Bleiben die Meinungen unterschiedlich, sollten Sie für sich prüfen, ob Sie den Auftrag annehmen wollen. Stimmen Sie zu, so konzentrieren Sie sich auf die positiven Aspekte der Aufgabe, des Ziels und der Gesamtsituation.

In einer derartigen Situation hilft es nichts, sich unablässig mit der negativen Seite der Aufgabe zu beschäftigen. Je gezielter es Ihnen gelingt, die positiven Dinge hervorzuheben, um so besser wird Ihre Wirkung sein.

Verwenden Sie einen Teil Ihrer Vorbereitungszeit auch auf die Frage, wie Sie auftreten wollen. Diese Frage können Redner nur dann sinnvoll beantworten, wenn sie zugleich klären, wie sich die Zuhörer während und vor allem am Ende der Rede fühlen sollen. Die Zuhörer erleben eine Rede live. Durch ihre Reaktionen und ihr Verhalten geben sie dem Redner viele Hinweise auf seine Wirkung. Anhand dieser Rückmeldungen kann ein Redner gut erkennen, welche Wirkung er beim Publikum hinterläßt. Mit zunehmender Erfahrung lernt er einzuschätzen, wie er seine persönlichen Wirkungsmittel gezielt einsetzen kann. Wenig redeerfahrene Personen sollten sich in der Vorbereitungszeit ausreichend Zeit nehmen, um mögliche Varianten ihres Auftretens zu trainieren. Üben Sie mehrfach, wie Ihre Stimme laut und leise gesprochen klingt, wie Sie Tempo und Pausen Ihres Redeflusses verändern und wie Sie Ihre Modulation (Betonung) wechselvoll einsetzen können. Mit dieser Übungserfahrung gelingt es Ihnen leicht, sich in den verschiedenen Situationen angemessen und zielorientiert zu verhalten.

Übung hilft

Geben Sie Ihrem inneren Kritiker einmal frei!

Gute Reden sprühen vor Kreativität, ungewöhnlichen Gedanken und überraschenden Wendungen. Zuhörer erfreuen sich daran und genießen es. Manch einen Zuhörer beschleicht schon mal der Neid, wenn er kreativ ausgearbeitete und vorgetragene Reden hört. Unsere Trainingserfahrung sagt uns, daß alle Menschen ein breites kreatives Potential besitzen. Einige sprechen nur selten darüber, andere behalten es ganz für sich. Ungewöhnliche Gedanken fallen uns verschiedentlich ein, nur leider werden sie oft durch ein entschiedenes ‹Aber› oder ein zögerliches ‹Eigentlich sollte man mal...› vom Tisch gefegt, bevor sie sich voll entwickeln konnten.

Trennen Sie kreative, realistische und kritische Phasen voneinander

Einfallsreiche Menschen gehen diesen Kreativitätshemmern aus dem Weg. Es gelingt ihnen, ihr kreatives Gedankengut von ihrem inneren Kritiker zu trennen. Gerade während der Vorbereitungszeit für eine Rede lassen diese Menschen ihrem kreativen Potential freien Lauf. Sie akzeptieren alles, was ihnen gerade einfällt. Dazu gehören auch Wunschvorstellungen, Träume und auf den ersten Blick utopische Gedanken. Nachdem diese Menschen ihre kreative Phase beendet haben, beginnen sie mit der Planung der notwendigen Schritte. Bei dieser Planung verhalten sie sich durchaus realistisch und prüfen ständig, ob und wie sie ihre Gedanken umsetzen können. Erst wenn sie auch diese Phase abgeschlossen haben, betrachten sie ihr Werk mit den Augen ihres inneren Kritikers. Der darf schließlich alles prüfen, testen und korrigieren. Auf diese Art kommen alle drei Herangehensweisen, die kreative, realistische und kritische, zu ihrem Recht. Die Erfahrung lehrt, daß jede für sich eine große Bedeutung hat. Eine zu frühe und ungesteuerte Vermischung der drei Phasen führt jedoch dazu, daß keine ihre Möglichkeiten voll entfalten kann. Lassen Sie daher jeder dieser drei Phasen ihren freien Entfaltungsraum.

Es gibt nur gute Fragen

Frau Herz hat vor kurzem eine kleine Tochter bekommen. Sie ist nun vier Monate alt, und Frau Herz trägt sich mit dem Gedanken zuzufüttern. Leider hat ihre Tochter eine angeborene Allergiedisposition, und Frau Herz weiß nicht, mit welchem Gemüse sie beginnen soll. Sie spricht mit ihrem Kinderarzt, der sie zu dem Vortrag einer Kollegin einlädt. Die Ärztin wird interessierten Eltern eine Reihe von Forschungsergebnissen zu diesem Thema vorstellen. Frau Herz freut sich sehr auf diesen Abend und überlegt sich ihre Fragen. Sie hat selten Gelegenheit, eine Fachfrau zu befragen.
Konzentriert und gespannt sitzt Frau Herz im Vortragssaal. Als der Vortrag zu Ende ist, klatscht das Publikum, und die Referentin bittet um Fragen. Viele der Punkte auf der Liste von Frau Herz haben sich inzwischen geklärt. Aber einige Detailfragen sind noch offen geblieben. Frau Herz meldet sich und stellt die erste Frage: «Stimmt es wirklich, daß man beim ersten Zufüttern unbedingt Apfel und Kartoffeln geben soll, da Karotten Allergien auslösen können?»
Die Referentin wird ganz blaß und stockt. Frau Herz kann sehen, daß sich rote Flecken auf ihrem Hals bilden. Schließlich sagt die Referentin gepreßt: «Das

kann man nicht eindeutig beantworten. Darüber liegen noch keine genauen Untersuchungen vor.» Frau Herz ist mit der Antwort zufrieden. Natürlich wäre es schöner, wenn sie Genaueres erfahren hätte, aber daran kann die Referentin nichts ändern. Dennoch hat Frau Herz ein ungutes Gefühl. Sie traut sich nicht mehr, weitere Fragen zu stellen. Die Körpersprache der Referentin läßt Frau Herz vermuten, daß sie sich gestreßt fühlt, wenn sie keine präzise Antwort weiß, und Frau Herz möchte sie nicht noch einmal in Schwierigkeiten bringen.

Warum fühlt sich die Referentin verunsichert? Kein Mensch kann alles wissen – nicht einmal auf seinem Fachgebiet. Wir alle müssen manchmal sagen: «Tut mir leid, das kann ich nicht beantworten!» Das ist ganz normal und geht jedem so. Manche Menschen haben jedoch den Glaubenssatz verinnerlicht: «Ich muß unbedingt jede Frage beantworten können, sonst wirke ich inkompetent.» Falls Sie auch dazugehören, machen Sie sich klar, daß Fragen in erster Linie keine Angriffe sind, sondern Interesse, Neugier oder eine Wissenslücke signalisieren. Kompetenz können Sie auch ausstrahlen, wenn Sie sich nicht den Anschein geben, alles zu wissen. Oft wirkt es durchaus souverän, wenn man nicht alles weiß. Meistens ist es besser, zu Hause nachzulesen und den Fragesteller anzurufen, als interessierten Zuhörern Unüberprüftes zu erzählen. Greifen Sie zu einer Verlegenheitsantwort, und einer Ihrer Zuhörer kann Ihnen das Gegenteil beweisen, dann besteht die Gefahr, das alles, was Sie bisher gesagt haben, in Zweifel gezogen wird.

Gedankenlesen ist eine schwere Kunst

Manchmal erleben wir eine Frage, die wir nicht spontan beantworten können, als Angriff.

Unbewußt nehmen wir an, wir wüßten, was ein anderer Mensch denkt und fühlt. «Gedankenlesen» nennt man diese Fähigkeit, und nicht jeder ist ein Meister darin. Mutmaßungen und Annahmen darüber, was im anderen vorgeht, lenken uns nur ab. Wenn wir nicht davon ausgehen, daß uns ein Fragesteller schaden will, fühlen wir uns besser und können ruhiger nachdenken, wie wir die Frage sachlich und verständlich beantworten können.

Es empfiehlt sich immer, eine Frage genau anzuhören. Vielleicht verbirgt sich hinter der Formulierung ein Glaubenssatz, mit dem man behutsam umgehen sollte.

Antworten wie «So einen Unsinn habe ich noch nie gehört!» oder «Wo haben Sie das denn her?» verletzen den Fragesteller. Er ist dann vermutlich nicht mehr bereit, Ihrer Argumentation zu folgen. Es ist besser, die Antwort abzufedern und freundlich und höflich zu reagieren.

Man kann in einer solchen Situation auch zwei oder drei Argumente für beide Ansichten nennen. Im Anschluß daran ergänzt man seine eigene Meinung noch oder überläßt es der fragenden Person, ihre eigenen Schlüsse zu ziehen.

Balkonfragen

Genauso vorsichtig sollten wir reagieren, wenn jemand eine Frage stellt, die eigentlich keine Frage ist. Zu unserer Referentin hätte beispielsweise jemand sagen können: «Ich verstehe das nicht. Bei dem Thema Allergien kann uns kein Mensch sagen, was richtig ist. Sie forschen und forschen, und es kommt doch nichts dabei heraus. Was soll man denn nun füttern?»

Dieser Kommentar drückt die Verwirrung und Verunsicherung des Fragestellers aus. Fühlt sich die Referentin dadurch angegriffen, ist sie nicht mehr in der Lage, ruhig und ausgeglichen zu reagieren. Am besten ist es, sie geht den Kommentar Wort für Wort durch. Dann bemerkt sie, daß sich viele verborgene Vorannahmen darin verstecken:

1. Ich möchte das gerne verstehen.
2. Es gibt eine richtige Vorgehensweise bei Allergien.
3. Die Forschung sollte eindeutige Ergebnisse liefern.
4. Es gibt niemanden, der mir etwas sagen kann.
5. Ich möchte Hilfe.

Die Referentin sollte auf diese Vorannahmen eingehen und der Diskussion den aggressiven Ton nehmen, der durch die Verunsicherung entstanden ist. Deswegen ist es in diesem Fall wichtig, Verständnis für die Verwirrung zu zeigen:

«Ich kann gut verstehen, daß Sie verunsichert sind (Eingehen auf Punkt 1). Die Ergebnisse ermöglichen uns nicht zu entscheiden, welcher Weg in jedem Fall der richtige ist. Da der menschliche Körper das komplexeste uns bekannte System ist, wissen wir bei vielen Erscheinungen nicht, wie sie genau entstehen. Deswegen ist intensive Forschungsarbeit notwendig (Eingehen auf Punkt 3). Jeder Mensch funktioniert ein bißchen anders. Das beginnt kurz nach der Zeugung. Kein Baby gleicht dem anderen. Deswegen müssen wir als Eltern sorgsam und einfühlsam verschiedene Möglichkeiten ausprobieren und so den richtigen Weg für unser Baby finden (Eingehen auf Punkt 2).»

Berücksichtigen Sie bei Ihren Antworten auch implizite Fragen

Die Referentin bespricht die Punkte, die der Fragesteller in seiner Frage verpackt hatte. Diese Art Fragen nennt man Balkonfragen, denn sie bringen noch etwas mehr mit als die Frage selbst, nämlich einen Balkon. Bevor wir die Frage beantworten, sollten wir uns mit dem Balkon beschäftigen. Vergeben wir diese Chance, bleiben Behauptungen, die sich auf dem Balkon verbergen, unbeachtet im Raum stehen. Das hat die Referentin nun getan. Was noch fehlt, ist eine konkrete Hilfestellung. Die Frage «Was soll man denn nun füttern?» drückt aus, daß ein konkreter Vorschlag gewünscht wird. Die bisherige Antwort genügt dem Fragesteller noch nicht. Die Referentin könnte auf Punkt 4, den tatsächlichen Frageanteil der Formulierung, z. B. folgendermaßen reagieren:

«Ich schlage vor, wir stellen eine Liste mit den Lebensmitteln zusammen, die Sie am Anfang füttern können. Das sind Lebensmittel, die als allergenarm bekannt sind. Bei jedem Nahrungsmittel schreiben wir dazu, wie Sie es zubereiten und wie lange Sie es dem Baby füttern können. In die letzte Spalte trage ich dann noch ein, woran Sie erkennen können, daß das Kind eine allergische Reaktion zeigt. Sie haben so die Möglichkeit, das Gemüse systematisch zu testen. Außerdem haben Sie gleich ein paar kleine Rezepte zur Hand. Sind Sie damit einverstanden? (Eingehen auf Punkt 4 und 5.)»

Mit dieser Ausführung fängt die Referentin die Unsicherheit der Zuhörer auf. Sie vermeidet dadurch eine unfruchtbare Diskussion über Themen wie: «Was ist richtig?» oder «Lohnt sich der Forschungsaufwand?» oder «Warum kann keiner sagen, was richtig ist?» Statt dessen bietet sie konkrete Hilfestellungen an, die die Zuhörer von ihr wahrscheinlich erwartet oder erhofft haben.

Übungen für die Psycho-Power

Soforthilfen für einen souveränen Start

Bewegen Sie sich!

Es gibt ein paar einfache Möglichkeiten, um mit dem Gefühl von Unsicherheit und Selbstzweifeln umzugehen: Bewegung. Werden Sie vor der Redesituation körperlich aktiv! Wenn Sie sich bewegen, geben Sie Ihrem Körper genau das, was er verlangt. Sie ermöglichen ihm, überschüssige Energie abzubauen und Ihre kreative Energie zielgerichtet einsetzen zu können. Sie werden sehr schnell zu Ruhe und Gelassenheit zurückfinden. Gehen Sie Treppen, anstatt den Fahrstuhl zu benutzen. Richten Sie Ihren Präsentationsraum selbst her, und gehen Sie persönlich ins Lager, um für ausreichend Material zu sorgen. Das baut die innere Unruhe ab. Auf Ihr inneres Energiepotential wirkt es sich auch günstig aus, wenn Sie sich bei jedem kleinen

Anflug von Streßgefühl, selbst Wochen vor Ihrem großen Auftritt, ein wenig bewegen. Immer, wenn Sie an die Redesituation denken und ein flaues Gefühl in der Magengegend verspüren, nutzen Sie die Bewegung, um einen Energiestau im Körper zu vermeiden.

Atmen Sie aus!

Die körperlichen Symptome lassen sich besser kontrollieren, wenn Sie vor dem Auftritt kräftig ausatmen. Der Rhythmus der Atmung spiegelt unser seelisches Gleichgewicht wider. Wir atmen ruhig ein und aus, wenn wir gelassen sind. Mit dieser inneren Ruhe können wir Gedanken entwickeln und uns ohne Mühe konzentrieren. Stehen wir unter Streß, so baut sich eine innere Anspannung auf, und wir neigen dazu, viel zuviel Luft in die Lunge zu pumpen. Lassen Sie deswegen vor Ihrer Rede einmal (oder auch mehrmals) richtig «Dampf ab». Das bringt Ruhe in Körper und Geist zurück.

Stärke und Konzentration ankern

In Streßsituationen ist es hilfreich, wenn wir einen direkten Zugriff auf unsere Stärken und unsere positiven Kräfte haben. Bei einer Unterhaltung, einem Gespräch auf einer Party, einem Witz, den wir Freunden erzählen, oder einem Urlaubsbericht an einen Kollegen können wir lustig und interessant formulieren. Wir sind sicher, daß uns die passenden Wörter zur rechten Zeit einfallen. Nur in diesem besonderen, verflixten Moment, in dem wir aufstehen und eine Rede halten wollen, scheinen wir wie ausgewechselt zu sein.

Eine Methode, um mit Streßsituationen im allgemeinen besser umgehen zu können, ist das bewußte Herstellen von Kontakt zu unseren Stärken und positiven Kräften. Dafür suchen Sie im ersten Schritt eine Situation aus, in der Sie sich rundherum wohl gefühlt haben. Die Dinge liefen wie am Schnürchen, und Sie hatten das Gefühl, voller positiver Energien zu stecken. Je ähnlicher die ausgewählte Situation einem Redekontext ist, um so leichter funktioniert der anschließende Transfer. Denken Sie beispielsweise an eine gelungene Prüfung oder an eine witzige spontane Geburtstagsrede. Sie können auch eine andere Situation auswählen, zum Beispiel ein schönes Urlaubserlebnis. Achten Sie darauf, daß es den anderen Beteiligten ebenfalls gutging. Im zweiten Schritt vergegenwärtigen Sie sich diese Situation noch einmal im Detail und nutzen dafür alle fünf Sinne:

Was sehen Sie?

Haben Sie ein Dia (Standbild) vor Augen, oder handelt es sich um einen Film (bewegte Bilder)? Aus welcher Perspektive betrachten Sie den Moment? Befinden Sie sich innerhalb oder außerhalb der Szene? Ist das Erlebnis farbig oder schwarz-weiß? Wie stark sind die Kontraste? Wie scharf ist das, was Sie sehen? Welche Details können Sie entdecken? Sind nur einige Dinge bunt gehalten, oder ist die Szene vielleicht mit Pastelltönen eingefärbt? Befinden Sie sich im Freien, oder spielt sich alles in Räumen ab? Sind Sie allein, oder gibt es auch andere Menschen oder Lebewesen?

Was hören Sie?

Gibt es Stimmen oder Geräusche (Tiere, Natur, Stadtgeräusche...) zu hören? Aus welcher Richtung kommen sie? Sind die Geräusche nah oder fern? Ist der Klang hoch oder tief? Gibt es Musik? Welche? Ist sie im Vorder- oder im Hintergrund? Welchen Rhythmus und welche Melodie hat sie? Sind Gespräche, Stimmen, Töne, Musik laut oder leise?

Was empfinden Sie?

Konzentrieren Sie sich auf das Gefühl, und lokalisieren Sie es im Körper. Befindet es sich eher im Bauch, in der Brust, im Kopf, in Armen oder Beinen? Ist es ein festes oder ein weiches Gefühl? Ist es feststehend oder eher pulsierend? Ist es konzentriert oder breitet es sich aus? Bewegt es sich? In welche Richtung? Welches Wort paßt zu Ihrem Gefühl?

Riechen Sie etwas?

Können Sie Ihre Umgebung riechen? Ist der Duft angenehm? Ist er intensiv oder schwach? Süßlich oder herb? Riechen Sie einen Blütenduft, einen Naturduft oder einen Duft im Haus (z. B. Kaffee, Parfüm, neue Folien etc.)?

Schmecken Sie etwas?

Ist der Geschmack angenehm? Ist er süß, sauer, salzig oder bitter?

Wenn Sie gedanklich und gefühlsmäßig wieder voll und ganz in der wunderbaren Situation stecken, dann suchen Sie im dritten Schritt ein Codewort, ein Symbol oder einen Gegenstand aus, der diese komplexe Erfahrung für Sie verschlüsselt und verankert. Diese mentale Verankerung hilft Ihnen, das Gefühl von Stärke und Konzentration «griffbereit» zu haben. Der Anker kann beispielsweise die Bezeichnung des Urlaubsortes sein, es kann auch ein Stein oder ein Bild sein. Es geht darum, daß uns dieses Symbol später möglichst schnell in die Gedanken- und Gefühlswelt des positiven Erlebnisses zurückführt. Wählen Sie etwas aus, das Sie leicht mit sich herumtragen können. Ihr Gegenstand oder Wort erinnert Sie in jeder beliebigen Streßsituation schnell und intensiv an Ihre Kräfte. Dieses Abrufen der positiven Gefühle ist der vierte Schritt. Im fünften Schritt genießen Sie das positive Gefühl und nutzen es mit Hilfe des Ankers in Ihrer aktuellen Situation.

Nehmen Sie den Gegenstand mit zu Ihrem Vortrag, oder notieren Sie Ihr Codeword auf dem Manuskript.

Immer, wenn Sie das Gefühl haben, nervös oder unsicher zu werden, gehen Sie mit Hilfe des Ankers kurz in die verschlüsselte Situation zurück und gewinnen so Ihre Ruhe und Energie zurück.

Üben Sie die Übergänge vom ersten bis zum fünften Schritt mehrfach ein. Gehen Sie es immer wieder Schritt für Schritt durch, und rufen Sie den positiven Zustand mehrfach ab. Je sicherer Ihr persönlicher Anker die positiven Gefühle erzeugt, um so mehr können Sie sich darauf verlassen, daß Ihnen diese Methode über das lampenfiebrige Gefühl hinweghilft.

Werfen Sie Ihren persönlichen Anker!

1. Schritt: Situation auswählen
2. Schritt: Situation vergegenwärtigen (alle fünf Sinne nutzen)
3. Schritt: Situation verschlüsseln und ankern
4. Schritt: Das Gefühl von Stärke und Konzentration abrufen
5. Schritt: Genuß des positiven Gefühls und Einsatz in der aktuellen Situation

Elegant und treffend formulieren

Beschreiben Sie das Zimmer oder die Umgebung, in der Sie sich momentan befinden, in den verschiedenen Wahrnehmungssystemen. Beschreiben Sie es einem Augenmenschen, einem Ohrenmenschen und jemandem, der überwiegend über das Gefühl wahrnimmt. Trainieren Sie diese unterschiedlichen Ausdrucksweisen immer wieder. Beispielsweise wenn Sie auf einen Bus warten, die U-Bahn im Tunnel stehenbleibt oder wenn Sie in einer langweiligen Besprechung sitzen.

Hier ein Beispiel (1. Mit den Augen wahrgenommen, 2. mit den Ohren wahrgenommen, 3. mit dem Gefühl, Geruch und Geschmack wahrgenommen):

Das Landhaus in der Toskana. Beschreibungen von drei verschiedenen Urlaubern:

1. Das Haus ist wunderschön anzuschauen. Es liegt direkt an einem kleinen See. Ein eigener kleiner Sandstrand am Haus vervollständigt den Anblick. Lichtblicke sind vor allem die wunderbaren bunten, teilweise tropischen Pflanzen rund um das gesamte Gebäude. Ein breiter Treppenaufgang läßt die Frontansicht herrschaftlich erscheinen. Die Zimmer sind alle sonnendurchflutet. Man hat einen eindrucksvol-

len Blick zum See und zu den Weinbergen. Die ganze Umgebung sieht malerisch aus.
2. Das Haus liegt an einer verkehrsberuhigten Anwohnerstraße. Auf der anderen Seite ist der See, so daß man wirklich in Ruhe abschalten kann. Auf der Terrasse hört man leise das Meer rauschen. Das Haus vermittelt eine ruhige Urlaubsstimmung. Voraussetzung dafür ist natürlich, daß die Nachbarschaft nicht zu schwatzhaft ist oder lautstark ihre Anwesenheit kundtut.
3. Das Haus in der Toskana ist sehr gemütlich eingerichtet. Die Betten sind kuschelig und weich. Die Ausstattung erfüllt alle Anforderungen. Auf dem naheliegenden Markt kann man die Köstlichkeiten der Region erwerben und sie mit zuckersüßen tropischen Früchten kombinieren. Man möchte einfach nur ausruhen und genießen.

Ihre Körpersprache

Wie setze ich die Sprache des Körpers am besten ein? Wohin mit den Händen? Soll ich sitzen oder stehen? Wen schaue ich am besten an? Welche Körpersprache ist richtig? Wie kann ich diese richtige Sprache lernen?
Diese und ähnliche Fragen stellen sich die meisten Menschen, die eine Rede planen. Es gibt jedoch kein

«richtiges» körpersprachliches Auftreten. Es gibt nur ein wichtiges Prinzip, das wir bei unserer Körpersprache berücksichtigen müssen. Dieses Prinzip nennen wir Kongruenz. Das Wort Kongruenz kommt aus dem Lateinischen und bedeutet passend zu, angemessen, gleichförmig oder ebenmäßig. In der Rhetorik heißt Kongruenz, daß das, was wir sagen, auf allen Ebenen zusammenpaßt. Der Inhalt, das persönliche Auftreten, unsere Stimme, Mimik, Gestik und Körpersprache, unsere Art des Blickkontaktes, die Zielgruppe... alle diese Dinge müssen zueinander passen und aufeinander abgestimmt werden.

Halten wir eine Festrede zum Geburtstag, so erwartet man, daß die Rede Freude und Wärme ausdrückt. Haben wir etwas Unangenehmes zu verkünden, so werden wir wenig Melodie einsetzen und nicht so laut und fröhlich sprechen wie bei der Geburtstagsgratulation. Was und wie wir etwas sagen, muß ein einheitliches Bild ergeben.

Wenn Sie beispielsweise bei einer Jubiläumsrede ausdrücken wollen, wieviel Engagement der Jubilar in eine Unternehmung gesteckt hat, und dieses Engagement dann kraftlos, wortkarg und leise schildern, so werden die Zuhörer Sie als unglaubwürdig empfinden.

Oft wissen die Zuhörer nach der Rede nicht mehr, warum sie an der Aussage zweifeln. Sie haben nur bemerkt, daß ihre Aufmerksamkeit sank und sie Mühe hatten zu folgen. Die gegensätzlichen Signale von Worten, Stimme und Körpersprache haben sie irritiert.

Kongruent überzeugen

Lassen Sie Ihren Körper sprechen, um Ihre Inhalte zu unterstreichen.

Wir strahlen Überzeugung aus und können andere für etwas begeistern, wenn wir innerlich daran Anteil nehmen. Dann stellt sich Kongruenz von selbst ein. Der Kirchenvater Augustinus faßte diese Tatsache prägnant in Worte: «In dir muß brennen, was du in anderen entzünden willst.» Kongruentes Verhalten verstärkt die gewünschte Botschaft, und der Redner wirkt glaubwürdig.

Die Anwesenden freundlich zu begrüßen heißt daher, nicht nur die Worte «Ich freue mich, daß Sie sich die Zeit genommen haben, um hierherzukommen» auszusprechen. Sich kongruent zu verhalten bedeutet auch, zu lächeln, die Stimme entsprechend zu modulieren und dies mit den passenden Gesten zu unterstreichen.

Die Stimme ist ein Spiegel der Seele

Daß auch die Stimme Botschaften übermittelt, erleben wir täglich am Telefon. Meldet sich die Freundin am anderen Ende leise, fragen wir sofort besorgt: «Habe ich dich geweckt?» und sind erleichtert, wenn sie sagt: «Nein, nein. Ich habe nur gelesen. Ich muß mich auf eine Prüfung vorbereiten. Aber dein Anruf ist eine willkommene Abwechslung.»

«In der Stimme spiegelt sich die Seele wider», sagen Psychologen und drücken damit aus, daß sich jede

Gemütsregung in einer stimmlichen Veränderung niederschlägt. Das liegt daran, daß die Stimme zu einem sehr großen Teil über die Atmung gesteuert wird. Die Atmung ist die Grundfunktion des Lebens, und jede körperliche und seelische Veränderung ist hier ablesbar. Am leichtesten kann man das bei kleinen Kindern und bei Tieren beobachten. Kleinkinder atmen sofort schneller, wenn sie etwas Interessantes sehen. Können sie bereits sprechen, kann man ihre Erregtheit auch an der Stimme hören. Spielen sie ruhig und gelassen mit ihrem Teddy, ist ihre Atmung ganz entspannt. Versetzen sie sich in verschiedene Rollen, zum Beispiel Mama, Teddy und Papa, so verändert sich die Atmung jeweils mit der Rolle, die sie gerade einnehmen. Auch bei uns selbst können wir beobachten, daß sich unsere Atmung unserer Gemütslage anpaßt. Sind wir entspannt, atmen wir tief in den Bauch. Sehen wir etwas Interessantes oder Lustiges, «rutscht» die Atmung sofort nach oben. Wir werden kurzatmiger. Die Atmung ist der direkte Spiegel der Seele, und alle Veränderungen wirken sich sofort auf die stimmliche Qualität aus.

Die Stimmlage entscheidet über die Glaubwürdigkeit

Um kongruent zu wirken und damit Glaubwürdigkeit auszustrahlen, ist es notwendig, von seiner Sache überzeugt zu sein, seine eigene Meinung zu vertreten und hinter seinen Worten zu stehen. Kein Zuhörer schenkt seine Aufmerksamkeit gern einem Redner, den er als unklar, zögerlich oder als «Fähnchen im Wind» erlebt.

Wir müssen uns also authentisch verhalten. Das Wort kommt aus dem Griechischen und bedeutet echt oder zuverlässig. Nur das, was wir innerlich fühlen, können wir glaubwürdig nach außen hin vertreten.

«Schauspieler können aber auch überzeugend ihre Rollen spielen, ohne daß sie wirklich so denken und fühlen wie die Person, die sie spielen», werden Sie nun vielleicht einwenden. Genau das ist aber der Fall. Die Ehepartner von Schauspielern erzählen immer wieder, daß ihre Partner nicht nur auf der Bühne ganz und gar in ihre Rolle versinken und das Denken und Fühlen dieser Person in sich aufnehmen. Auch im Privatleben spiegelt sich die Persönlichkeit, die sie in der Rolle annehmen, wider. Wie bei anderen Menschen auch wirken sich die beruflichen Aufgaben im häuslichen und privaten Umfeld aus. «Wenn sie Lady Macbeth spielt», sagte der Ehegatte einer Schauspielerin in einem Interview, «dann ist sie auch zu Hause eine ganz andere, als wenn sie Julia darstellt.»

Als Redner brauchen wir keine Rolle zu spielen. Wir müssen einfach nur wir selbst sein und uns so geben, wie wir sind. Es geht um unsere eigene Person. Seien Sie also ganz Sie selbst.

Werte vermitteln

Erfolgreiche Redner treten für positive Ziele und Werte in ihren Reden ein. Dabei leben sie auf und reißen ihre Zuhörer mit.
Mit jedem Wert verbinden wir eine bestimmte Vorstellung, die von Mensch zu Mensch sehr unterschiedlich sein kann. Bei Freude assoziiert einer z. B. den neugierigen Blick des eigenen Babys in die Welt, jemand anders das Erreichen der Ziellinie bei einem Volkslauf oder den Erhalt des ersten Auftrags von einem neuen Kunden. Ebenso vielfältig können die persönlichen Gefühle dazu sein, eine wohlige Wärme im Bauch, ein pulsierendes Strömen im ganzen Körper, ein frisches Prickeln in der Brust.
Prüfen Sie für sich, welche Werte für Sie von Bedeutung sind und was Sie mit diesen Werten verbinden. Notieren Sie Ihre wichtigen Werte, eine typische Situation und Ihr bezeichnendes Gefühl dazu

Respekt ______________________
Freiheit ______________________
Liebe ______________________
Spaß ______________________
Lebensfreude ______________________

Abenteuer ______________________
Neugierde ______________________
Bewegung ______________________
Begeisterung ______________________
Sicherheit ______________________

weitere wichtige Werte:

__________ ______________________

__________ ______________________

Vor jeder Rede notieren Sie sich, welches Ziel Sie erreichen wollen und welcher Wert Ihnen bei dieser Rede wichtig ist. Wollen Sie andere Menschen auf etwas neugierig machen, möchten Sie Ihre Zuhörer für etwas motivieren oder mit ihnen Spaß machen? Versetzen Sie sich in die jeweilige Situation, schreiben Sie auf, was Ihnen dabei wichtig war, und sprechen Sie später über Ihre Erfahrung.

Glauben Sie an Ihren Erfolg!

Die eigenen Vorannahmen zeigen uns den Weg, den wir gehen. Wer seine Fähigkeiten anerkennt, wird sie weiter ausbauen und verbessern können.
Überprüfen Sie daher Ihre Glaubenssätze und Vorannahmen vor jeder Rede! Entwickeln Sie aus negativen Vorannahmen ein positives Zielbild. Gestehen Sie sich

ruhig Unsicherheit und Lampenfieber zu. Aus dieser unangenehmen Vorerwartung heraus entwerfen Sie ein neues positives Zielbild. Gute Redner benutzen positive Zielbilder als Verstärkung. Sie gehen davon aus, daß es ihnen möglich ist, bei einer Rede souverän aufzutreten und zu überzeugen. Eine solche Vorerwartung unterstützt ihr gesamtes Verhalten und setzt die energievollen Kräfte frei.

Beispiele für positive Glaubenssätze erfolgreicher Redner:

Ich habe sicherlich etwas Begabung.

Bei einer Rede bin ich immer voll da.

Wenn Zuhörer mich anschauen, setze ich alle Energie frei.

Meine Stimme gefällt anderen.

Ich habe oft hervorragende Ideen.

Wenn mir etwas nicht einfällt, lasse ich es aus und mache woanders weiter.

Ich habe alle Kräfte und die notwendige Sicherheit, die ich brauche.

Reden vor einer Gruppe macht Spaß.

Falls etwas schiefläuft, fällt mir spontan schon etwas Neues ein.

Wenn die Zuhörer Fragen stellen, zeigen sie mir, daß sie mich für kompetent halten.

Positive Glaubenssätze bringen neue Energien hervor. Sie wirken stimulierend auf unser Gehirn und geben unserem Verhalten ein klares Ziel. Damit organisiert unser Gehirn – oft unbewußt – unser Verhalten in Richtung des Ziels. Positive Glaubenssätze wirken wie ein Autopilot, der alle Steuerungsfunktionen beim Flugzeug richtig einstellt. Der menschliche Pilot braucht dann nur noch in besonderen Situationen unterstützend einzugreifen.

Meine Glaubenssätze über meine rhetorischen Fähigkeiten:

Enthalten Ihre Sätze negative Formulierungen? Dann stellen Sie sich die Fragen: Wo und wann haben mich diese Glaubenssätze bisher eingeschränkt? Welche Folgen hatten meine entsprechenden Verhaltensweisen?

Legen Sie danach eine kleine Pause ein, und bewegen Sie sich. Denken Sie an angenehme Dinge und Situationen, in denen Sie erfolgreich waren. Streichen Sie daraufhin Ihre negativen Glaubenssätze durch, und schreiben Sie einen neuen positiven, bereichernden Glaubenssatz auf.

Ein Beispiel: Auf den einschränkenden Glaubenssatz «Ich bin beim Reden immer nervös» kann folgen «Ich spreche mit innerer Ruhe und fester Stimme» oder «Die innere Energie hilft mir, alle meine Kräfte zu mobilisieren».

Ein weiteres Beispiel: Auf den einschränkenden Glaubenssatz «Ich spreche oft viel zu schnell» kann folgen «Ich kann auch bei einem langsamen Sprechtempo alles sagen, was mir wichtig ist».

Nehmen Sie sich Zeit, und lesen Sie Ihre neuen Glaubenssätze mehrfach konzentriert und laut durch. Im Anschluß lassen Sie sich verschiedene zukünftige Situationen einfallen, in denen Sie nach den neuen Glaubenssätzen handeln werden. Achten Sie dabei auf Ihren inneren Zustand. Das Ziel dieser Übung ist, den absoluten Charakter Ihres einschränkenden Glaubenssatzes zu lockern und Ihnen neue Verhaltensmöglichkeiten an die Hand zu geben.

Engagiert oder distanziert – ganz nach Ihrer Entscheidung

Gute Redner wechseln während ihrer Rede zwischen unterschiedlich dynamischen Phasen. Mal engagieren sie sich mit ihrer ganzen Kraft, Stimme, Mimik und Gestik, dann wieder sprechen sie ruhig und fordern zum Nachdenken auf. Es gelingt ihnen, diese beiden unterschiedlichen inneren Haltungen bewußt zu wechseln.

Diese Fähigkeit, seine eigene Haltung gezielt verändern zu können, bietet eine Fülle rhetorisch geschickter Variationen. Sie können üben, wie Sie diese inneren Haltungen verändern: Erinnern Sie sich an einen spannenden Film oder ein spannendes Fußballspiel! Wenn Sie den Ablauf assoziiert erleben, überhören Sie z. B. leicht das Klingeln des Telefons oder eine Frage, die Ihnen gerade gestellt wurde. Einige Menschen vergessen in derartigen Situationen, daß sie vorher noch großen Hunger verspürten, andere bemerken nicht, daß sich die Heizung ausgeschaltet hat und der Raum kälter wird. Kaum ist der Film jedoch beendet, fällt ihnen – scheinbar plötzlich – alles auf. Der Hunger, die Fragen, die Heizung …

Wie anders ist Ihr Erleben bei einem Film, den Sie als langweilig empfinden. Ständig schwirrt Ihnen im Kopf umher, was Sie noch erledigen wollen. Ihnen fällt auf, daß das Zimmer nicht aufgeräumt ist, oder Sie entdecken jede Menge Verbesserungsmöglichkeiten für die Handlung und die Dialoge des Films.

Die Wahrnehmungshaltung wechseln

Diese Fähigkeit, Ihre Wahrnehmungshaltung vom Miterleben zum Betrachten eines Films zu wechseln, können Sie auch für anderes nutzen. Üben Sie in verschiedenen Lebens- und Arbeitssituationen, sich voll einzulassen, mitzufiebern, sich zu engagieren oder sich innerlich zu distanzieren und die Dinge mit Abstand zu betrachten. Bei der Vorbereitung für Ihre nächste Rede prüfen Sie Ihre Beispiele, Argumente und Textpassagen, und entscheiden Sie, in welchen

Abschnitten Sie sich voll engagieren und in welchen Abschnitten Sie eher distanziert wirken wollen. Sprechen Sie die ausgewählten Passagen mehrmals laut. Bei den mehr engagierten Phasen werden Sie – automatisch – dynamischer und lebhafter sprechen, wohingegen Ihr Auftreten in den distanzierten Phasen ruhiger und ausdrucksschwächer sein wird. Ihr gesamter Körper wird die innere Haltung angemessen und stimmig ausdrücken.

Ressourcen einsetzen

Bei der Vorbereitung einer Rede bietet es sich an, die Sinne bewußt und gezielt einzusetzen. Viele Menschen können Gegenstände, Situationen und Themen bildlich (visuell) sehr gut erinnern.
Schließen Sie jetzt Ihre Augen, und denken Sie an Ihre Küche, Ihr Wohnzimmer, Ihren Schreibtisch. Vor Ihrem inneren Auge können Sie alles genau sehen: den Kühlschrank, Herd, Küchentisch – die Sessel, das Sofa, den Fernseher – die Stifte, die Papiere, die Ordner. Sie können sich sicherlich erinnern (oder innerlich sehen), wo sich die Gegenstände befinden, wie sie genau aussehen, welche Farbe sie haben. Ebensogut können Sie sich vorstellen, wie Sie oder andere Menschen sich in dem jeweiligen Zimmer bewegen würden. Um darüber sprechen zu können, benötigen Sie keinen roten Faden, keine Stichworte oder gar ein Manuskript. Die notwendigen Informationen haben Sie zuverlässig und jederzeit abrufbereit in sich gespeichert.
Der bewußte Einsatz der visuellen Erinnerung bietet eine hervorragende Unterstützung für das freie Sprechen. Denken Sie nur an ein tolles Urlaubserlebnis, an das vergangene Weihnachtsfest, Ihren letzten Arbeits-

Die inneren Ressourcen

Stellen Sie den Kontakt zu Ihren Stärken und positiven Kräften bewußt her.

tag... Diese Fähigkeit, Worte mit Bildern zu kombinieren und zu erinnern, können Sie für rhetorische Aufgaben nutzen. Jedes Manuskript und jede Stichwortsammlung können Sie als Folge verschiedener Bilder oder als kleinen Film in Ihrem Gedächtnis speichern.

Hier folgt ein Test-Manuskript. Lesen Sie die folgenden Wörter zwei- oder dreimal. Lassen Sie zu jedem Wort Ihr eigenes, persönliches Bild vor Ihrem inneren Auge entstehen, und entwerfen Sie eine kurze Geschichte, in der alle Wörter/Bilder verarbeitet werden. Schon ist Ihre Rede fertig.

Haus	Bewegung	Freude
Kind	Geld	Tasche
Ball	Auto	Freiheit
Hund	Sonne	Nachmittag

Erzählen Sie Ihre Geschichte Freunden, Arbeitskollegen oder der Familie. Bei dieser Übung können Sie zudem erkennen, daß wir auch für abstrakte Begriffe unsere ganz persönlichen inneren Vorstellungen entwickeln (die Worte Bewegung, Freude, Freiheit). Nutzen Sie diese Erfahrung für eine weitere Stichwortsammlung, z. B. zu dem Thema:

In der Schule benötigen Kinder mehr Bewegung.

Stichworte	Ihre inneren Bilder
volle Klassen	____________________
langes Sitzen	____________________
umfangreicher Stundenplan	____________________
mangelnde Konzentrations-fähigkeit	____________________
körperliche Bewegung	____________________
finanzielle Zuschüsse	____________________
leuchtende Augen	____________________
hoher Lerngewinn	____________________

Die Verknüpfung von Stichwort und innerer Vorstellung gelingt sehr gut, wenn Sie an eine bekannte Erfahrung oder eines Ihrer Erlebnisse anknüpfen. Eine weitere gute Möglichkeit besteht darin, eine komplett neue, vielleicht sogar sehr kuriose Vorstellung zu entwickeln. Auf diese Weise programmieren Sie Ihr Gehirn neu. Ihrem Erinnerungsvermögen erleichtern Sie die Arbeit, wenn Sie sich jedes Bild möglichst intensiv vorstellen, d. h. mit Farben, Bewegungen, Wechseln von Großaufnahme und Panoramablick. Diese visuelle Erinnerung erweitern Sie kreativ, wenn Sie die Stichworte Ihrer Rede wie eine Sammlung von Gegenständen z. B. auf einem Tisch plazieren. Jedes Stichwort findet seinen eigenen Platz und wird am besten an einen Gegenstand oder einer kleinen Zeichnung angekoppelt. Nach dieser Übung erinnern Sie Ihre

Stichworte ebenso einfach und genau wie die Gegenstände Ihres Schreibtisches oder Ihres Wohnzimmers. Mit dieser Methode werden sogar Störungen während Ihrer Rede weniger bedrohlich, da Sie Ihr (Schreibtisch-)Manuskript fest in Ihrem bildlichen Gedächtnis abgespeichert haben.

Neben der visuellen Erinnerung können Sie Ihre auditive Wahrnehmung (das Hören) aktivieren. Die leichteste Form ist, das Manuskript laut zu lesen. Schauspieler trainieren auf diese Art und Weise immer wieder ihr Gedächtnis. Dadurch gelingt es Ihnen, lange Dialoge und ganze Bühnenstücke aus dem Gedächtnis zu rezitieren. Diese Fähigkeit hilft auch Ihnen, bei einer Rede den roten Faden zu behalten. Außerdem üben Sie beim auditiven Training die Modulation Ihrer Stimme. Falls Sie anstelle eines Manuskriptes lieber eine Stichwortsammlung verwenden, sprechen Sie Ihre Sätze und Gedanken laut aus. Damit trainieren Sie Ihr Gedächtnis, gewöhnen Ihr Ohr an die richtige Betonung und aktivieren zugleich Ihre Stimme.

Nutzen Sie bei diesen Übungen spielerisch die vielfältigen Betonungsmöglichkeiten mit Ihrer Stimme, mal laut, mal leise, schneller, langsamer, hoch und tief, klar, ausdrucksvoll, zögerlich, ärgerlich, engagiert usw. Je genauer und intensiver Sie Ihre Stimme trainieren, um so zielgerichteter, angemessener und differenzierter können Sie sie bei Ihren Reden einsetzen.

Bei einer besonderen Vorliebe für kinästhetische

Wahrnehmung können Sie ausgewählte Körperteile oder -stellen als Erinnerungsanker auswählen. Einige Argumente verbinden Sie mit der rechten Hand und ihren Fingern, andere mit der linken. Den Schluß der Rede, den Sie mit Ihrem Standpunkt verdeutlichen wollen, koppeln Sie an eine feste Standposition und viel Energie Ihrer Füße. Bei einer sorgfältigen Vorbereitung können Sie die Möglichkeiten der visuellen, auditiven und kinästhetischen Wahrnehmung kombinieren. Sprechen Sie Ihre Gedanken laut aus, verknüpfen Sie die Wörter mit Ihren inneren Bildern, und drücken oder berühren Sie die entsprechenden Körperpartien. Dieser rote Faden geleitet Sie durch alle stürmischen Winde und gefährlichen Strömungen rhetorischer Auftritte.

Mentale Vorbereitung

Neben der inhaltlichen Planung gehört zu einer erfolgreichen Rede auch die passende innere Einstellung. Für diese mentale Vorbereitung nehmen sich die meisten Redner allerdings viel zuwenig Zeit. Sätze wie «In der Realität ist sowieso alles anders» oder «Das wird sich schon zeigen» weisen darauf hin, daß der Betreffende zuwenig über die rhetorischen Aspekte seiner Rede nachgedacht hat. Zu der mentalen Vorbereitung gehören die Fragen: Wie will ich wirken? Und wie soll es den Zuhörern während und nach meiner Rede ergehen?

Für diese Übung wählen Sie eine konkrete, z. B. Ihre nächste Redesituation aus. Entscheiden Sie sich dann für ein Ziel, das Sie mit dieser Rede erreichen wollen. Wollen Sie Ihre Zuhörer motivieren, erfreuen, neugierig machen oder mitreißen? Lassen Sie sich einen Moment Zeit für diese Zielentscheidung. Prüfen Sie genau, welches Ziel Sie erreichen wollen. Notieren Sie sich Ihr Ziel in einem Satz. Achten Sie darauf, daß dieser Satz positiv formuliert ist, z. B.: «Ich spreche ruhig und mit viel Witz.» Eine Formulierung wie «Ich will nicht so ängstlich reden» sollte in diesem Satz positiv beschrieben werden, z. B.: «Ich spreche sicher, souverän, kompetent etc.»

Verändern Sie Ihre inneren Bilder spielerisch und bewußt

Im Anschluß daran entwerfen Sie ein inneres Bild Ihrer Redesituation. Stellen Sie sich vor, wie Sie vor Ihren Zuhörern sprechen. Betrachten Sie dieses Bild ganz genau, und überprüfen Sie, ob und welche Farben Sie erkennen, wie hell oder dunkel das Bild ist, ob es klar ist, wie groß es ist und ob es Bewegung zuläßt. Danach prüfen Sie, welche Stimme zu diesem Bild paßt. Entscheiden Sie sich für die Art der Betonung, Sprechtempo, Rhythmus und Lautstärke. Achten Sie dabei auf Ihre Gefühle: Wie geht es Ihnen mit diesem Zielbild? Prüfen Sie, wie sich Ihr Gefühl bei kleinen Veränderungen des Bildes oder Ihrer Stimme ebenfalls verändert. Nutzen Sie die Fähigkeiten, das Bild, Ihre Stimme, ggf. auch einen Geruch oder Geschmack, und Ihr inneres Gefühl spielerisch und bewußt zu verändern. Gestalten Sie die Situation so, daß Sie sich ganz im Sinne Ihrer Zielvorstellung sicher, ruhig, engagiert oder mitreißend fühlen.

Wenn Sie die optimale Variante gefunden haben, prüfen Sie, was die Zuhörer von Ihrem Auftreten halten. Erst dann entscheiden Sie, ob Ihr Zielbild angemessen ist und zu dem gewünschten Ergebnis führen kann. Wenn Sie die beste Kombination aus Körpersprache, Sprache und Stimme gefunden haben, fragen Sie sich, wie es Ihnen damit geht. Fühlen Sie sich so, wie Sie sich gern fühlen möchten? Ist das nicht der Fall, sind Sie noch nicht zufrieden. Legen Sie eine kleine Pause ein, und beginnen Sie die Übung noch einmal von vorne. Wenn Sie Ihr optimales Gefühl entdeckt haben, schreiben Sie auf, wie Sie dieses Gefühl benennen. Dieses Wort (oder diese Wörter) dient Ihnen als Wegweiser, um Ihren gewünschten inneren Zustand für die Rede jederzeit wiederzufinden.

In einem weiteren Schritt prüfen Sie, in welchen Situationen oder Erlebnissen Sie diesen inneren Zustand bereits gespürt haben. Damit erhalten Sie Hinweise, wie Sie dieses Gefühl wieder erreichen können. Abschließend notieren Sie sich, was Sie tun können, um in der Redesituation mit dem von Ihnen gewünschten Gefühl sprechen zu können, z. B. nach einem Satz bewußt tief ausatmen, kurz an Ihr positives Erlebnis denken, freundlich die Zuhörer anlächeln und dann mit lauter Stimme weitersprechen. Es kann durchaus sein, daß Sie manche Verhaltensweisen noch intensiver üben müssen, bevor sie Ihnen wie selbstverständlich zur Verfügung stehen.

Noch einige Tips...

Zum Schluß möchten wir Ihnen noch ein paar Tips geben, die Sie auch in anderen Situationen üben und anwenden können.

Ziele fusionieren

Erinnern Sie sich noch an den Vortrag über Ernährung von Babys mit einer Allergiedisposition. Die Referentin war sehr freundlich und höflich auf Fragen eingegangen, die viele verschiedene Anteile haben. Was sie außerdem in unserem Beispiel getan hat, ist eine sogenannte Zielfusion. Sie hat versucht, dem Fragesteller zu verdeutlichen, daß alle im Raum das gleiche Ziel verfolgten: Alle wollten gern mehr über Ernährung von Babys mit Allergiedisposition erfahren. Die Balkonfrage erschien zunächst wie ein Angriff. Mit einer konsequenten Zielfusion wird die Aggressivität aber in ein kreatives Potential umgewandelt.

Denken Sie einmal an Ihre letzte Auseinandersetzung mit Ihrem Partner, Chef, Kollegen oder mit einem Freund: Haben Sie sich in dieser Situation bemüht, die Ziele Ihres Gegenübers herauszufinden, und versucht, Ihre eigenen Ziele mit den Zielen des Gesprächspartners zu fusionieren? Denken Sie sich noch einmal in die Situation hinein. Was hätte anders laufen können, wenn Sie die Methode der Zielfusion angewendet hätten? Welche Ziele hatten Sie selbst bei diesem Gespräch? Welche Ziele verfolgte Ihr Gegenüber? Welche Zielfusion wäre denkbar gewesen? Betrachten wir das an einem Beispiel.

Nehmen wir einmal an, ein Paar, Sabine und Jörg, möchte den Abend gemeinsam verbringen. Sabine möchte gern ausgehen, da sie den ganzen Tag zu Hause gearbeitet hat. «Ich muß unter Leute», sagt sie, «sonst fällt mir die Decke auf den Kopf.» Jörg hingegen möchte über etwas Wichtiges mit ihr sprechen und würde lieber zu Hause bleiben, um Ruhe für ein Gespräch zu finden. Sie könnten sich nun streiten, ob sie in die Stadt gehen oder zu Hause bleiben. Sie könnten allerdings auch versuchen zu erfahren, warum der eine lieber zu Hause bleiben und der andere lieber in die Stadt gehen möchte. Und genau das tun sie. Es stellt sich nach einiger Zeit heraus, daß es eine zufriedenstellende Zielfusion wäre, wenn sie weder zu Hause blieben noch an einen Ort gingen, an dem es sehr laut ist und man sich nicht unterhalten kann. Sie einigen sich auf ein kleines, abgelegenes, gemütliches Gartenlokal, in dem beide die frische Luft genießen und sich in Ruhe unterhalten können. Die Zielfusion ist gelungen.

Überlegen Sie bei Gesprächen oder Auseinandersetzungen immer, ob eine Zielfusion möglich ist. Je häufiger Sie die Zielfusion üben, um so sicherer beherrschen Sie diese Methode, wenn Sie während oder nach einem Vortrag eine Frage gestellt bekommen, die Sie zunächst verunsichert.

Vom Detail zum Überblick

Manchmal fragen uns Zuhörer nach einem kleinen Detail unserer Ausführungen, und wir haben in diesem Moment nicht die richtige Antwort parat. Sie will uns selbst nach kurzem Überlegen nicht einfallen. In einer solchen Situation ist es sinnvoll, die Frage nach dem Detail in den großen Zusammenhang des Themas zu stellen. Betrachten wir das Ganze im Überblick, erscheint das Detail nicht mehr so wichtig. Die Zuhörer sind in vielen Fällen auch ohne präzise Antwort bereit, den Ausführungen weiter zu folgen.
Diese Technik hilft uns auch, wenn wir uns über etwas ärgern. Wenn wir z. B. noch schnell mit dem Auto in die Stadt fahren wollen, um einzukaufen, wird jede rote Ampel zu einem Ärgernis. Sobald wir uns aber vergegenwärtigen, daß die wenigen Minuten, die wir warten müssen, nur ein winziger Teil des gesamten Tages sind, werden wir sofort gelassener. Wenn Sie die Situation als Ganzes betrachten, wird es Ihnen leicht-

fallen, souverän und kompetent zu handeln bzw. zu antworten. In diesem Sinne wünschen wir Ihnen, liebe Leser und Leserinnen, alles Gute und viel Erfolg bei allen Reden, die Sie halten werden.

Literatur zum Weiterlesen

Ulsamer, Bertold: *Exzellente Kommunikation mit NLP*. Speyer 1991
Viele konkrete Tips und Hinweise, um NLP erfolgreich im Arbeitsalltag anzuwenden. Ein Buch, das jede Führungskraft griffbereit haben sollte.

Kutschera, Gundl: *Tanz zwischen Bewußt-sein und Unbewußt-sein. NLP Arbeits- und Übungsbuch*. Paderborn 1994
Anhand vieler Beispiele, Erläuterungen und Übungen wird das NLP-Modell ausgezeichnet beschrieben.

Kutschera, Gundl und Bachler, Peter: *Resonanz lernen mit NLP. Handbuch für Multilevel-Kommunikation*. Paderborn 1995
Möglichkeiten zur Kommunikation und gutem Kontakt mit anderen Menschen werden verständlich beschrieben; und dazu gibt es einfache Übungen für den Alltag.

Mohl, Alexa: *Der Zauberlehrling. Das NLP-Lern- und Übungsbuch*. Paderborn 1992
Dieses Buch führt umfassend und verständlich in die wichtigsten NLP-Techniken ein.

Motamedi, Susanne: *Rede und Vortrag.* Weinheim 1993
Hilfestellungen für kurze und lange Reden und Vorträge. Eine sinnvolle Ergänzung zum vorliegenden Buch.

Stahl, Thies: *Neurolinguistisches Programmieren (NLP): Was es kann, wie es wirkt, wem es hilft.* Mannheim 1992
Eine kurze und übersichtliche Einführung in die Grundgedanken und zentralen Techniken des NLP.

Strikker, Frank und Heidrun Strikker: *Redekunst im Rampenlicht: Mit Persönlichkeit, NLP und Kreativität überzeugen.* Landsberg am Lech 1994
Vereint zahlreiche Interviews und das Modell des NLP zu einem neuen Zugang zur Rhetorik als persönlichem Wirkungsfeld.

psychologie aktiv

Laurie Ashner / Mitch Meyerson
Wenn Eltern zu sehr lieben
(rororo sachbuch 9359)

Karola Berger
Co-Counseln: Die Therapie ohne Therapeut *Anleitungen und Übungen*
(rororo sachbuch 9954)
Co-Counseln bedeutet: sich gegenseitig beraten. In dieser neuen Form der «Laien-Therapie» finden sich zwei Menschen zum therapeutischen Gespräch zusammen. Das Buch vermittelt mit leicht verständlichen Anleitungen und einfachen Übungen die Grundlagen und Techniken dieser neuen Methode.

Nathaniel Branden
Ich liebe mich auch *Selbstvertrauen lernen*
(rororo sachbuch 8486)

Wayne W. Dyer
Mut zum Glück *So überwinden Sie Ihre inneren Grenzen*
(rororo sachbuch 60230)
Der wunde Punkt *Die Kunst, nicht unglücklich zu sein. Zwölf Schritte zur Überwindung unserer seelischen Problemzonen*
(rororo sachbuch 17384)

Diane Fassel
Ich war noch ein Kind, als meine Eltern sich trennten ... *Spätfolgen der elterlichen Scheidung überwinden*
(rororo sachbuch 9984)

Daniel Hell
Welchen Sinn macht Depression? *Ein integrativer Ansatz*
(rororo sachbuch 19649)

rororo sachbuch

Klaus Kaufmann-Mall / Gudrun Mall
Wege aus der Depression *Hilfe zur Selbsthilfe*
(rororo sachbuch 60232)

Robin Norwood
Warum gerade ich? *Ein Ratgeber für die schwierigsten Situationen des Lebens*
(rororo sachbuch 60126)

Tim Rohrmann
Junge, Junge – Mann, o Mann *Die Entwicklung zur Männlichkeit*
(rororo sachbuch 9671)

Shelly E. Taylor
Mit Zuversicht *Warum positive Illusionen für uns so wichtig sind*
(rororo sachbuch 9907)

Ein Gesamtverzeichnis aller lieferbaren Bücher und Taschenbücher zum Thema finden Sie in der *Rowohlt Revue*. Vierteljährlich neu. Kostenlos in Ihrer Buchhandlung.

3622/2a